THC
Tokyo hills clinic

俺、失敗しないので

目次

第一章　私がカウンセリングを重視する理由

第二章　岡崎で東京ヒルズクリニックを開業するまで

第三章 美容外科のウソ・ホント

第四章 男性美容事情

第五章 美容外科ビフォーアフター集

対談・杉浦功修×高須基仁（出版プロデューサー）

大手美容外科から独立したスター医師が語る「俺、失敗しないので」の本当の意味とは？

第一章

私が
カウンセリングを
重視する理由

東京ヒルズクリニックのエントランスにて

美容整形って悪いことなの？

あの芸能人が整形疑惑！

インターネットやテレビでそんな話題が飛び交っています。私に言わせれば、その言葉自体「ナンセンス」ですね。

常識として考えてみてください。この世の中に、芸能人が何人いるでしょうか。芸能人しか美容整形をしないとすると、乱立している美容外科クリニックは商売が成り立つと思いますか？

答えは、明白です。

一般の方が美容整形手術を受けているから、これだけ多くの美容外科クリニックが存在するのです。

一般の方が受けている手術なのに、芸能人のような美を求める人々が、他人に見られる職業の人が、美容整形に足を踏み入れてないということ自体がおかしい。

それなのに、「整形疑惑」。

意味がわかりません。街を歩けば、多くの女性が二重手術くらいはやっています。それだけのことなのに、いまだに「整形疑惑」。

このあたり、メディアの考え方は少々遅れているように感じます。美容整形をいまだに受け入れられないいんでしょうね。その割にはテレビでガンガンCMを流している。矛盾しています。

美しい人が整形手術を受けていたからといって、なんら問題はありません。ただ、わざわざ「ここを整形しました」と言う必要がないから、言わないだけなのです。

みなさんはどう思いますか？

美容整形っていいこと？　悪いこと？

美人だったら、美容整形をする必要がない？

ブスだったら、美容整形をするべき？

私はこう思います。

美容整形にいい・悪いはありません。

美人だから美容整形する必要がないとは思いません。

だからといって、いわゆるブスに当てはまるからといって美容整形すべきとも思いません。

すべては、個人の価値観次第だと思っています。

他人がうらやむような美人なのに、外見にコンプレックスを抱えて悩んでいる方もいますし、たとえ他人が「ブス」と言ったとしても、美の基準なんてひとつではありませんから、本人が悩みを抱えていなければなんら問題はないのです。

さまざまな価値観があるなかで、私たちの技術を用いたいという方がたくさんいる、ただそれだけのことです。

コンプレックスを解消し、喜んでいただきたい。人生を前向きにとらえて、生き生きとした日々を送っていただきたい。

そう思い、当院ではカウンセリングにじっくりと時間をかけています。

単に、鼻を高くする、二重まぶたにする、ということではなく、どの部分に何を求めているのかを把握して、それに対して私の技術ではどういうことができるかを細かくご提案しています。

本当に美の基準、価値観は千差万別です。そのことをよく理解しており、人それぞれの細かな希望に満足のいく対応ができる技術を持っているドクターはかなり限られていると思います。

私が失敗しない理由

私が美容外科医になった九十年代後半当時は、美容整形に関する教科書があったわけでも、誰かに習うような時代でもありませんでした。誰か〝師匠〟がいるわけでもありません。そのような状況で、私が気をつけたことは、自分にできること、できないことを区別するということです。

美容外科業界は日進月歩。常に新しい技術を取り入れなければなりません。新しいことにチャレンジしようと思ったら、失敗を恐れてはいけない、と世間ではよく言われますが、私はリカバーできる範囲でしか行いません。

思い切りチャレンジして手に負えない、なんてことにならないよう、常に自分の許容範囲において技術を高めてきました。リスクのあることはできるだけ回避してきました。

だから、私は失敗しません。

しかし、矛盾するようですが、人間である限り、失敗する確率はゼロとは言い切れません。それは事実です。

だから、私はどんな簡単な施術であっても、たとえ注射一本打つだけであっても、常に「自分は失敗するかもしれない」という意識を忘れないように、緊張感をもって施術に当たっています。

「私は失敗するかもしれない」という気持ちで施術するのと、「絶対、失敗しない」という気持ちで施術するのとでは、注意力がまったく違うはず。自動車の運転でも「事故るかもしれない」と慎重に運転していると事故らないし、「俺は運転は慣れているから絶対に事故らない」と思っていると、油断して事故につながるのと同じことです。

なにごとも「絶対」はない。

「ゴッドハンド」とおごっているドクターは、そのことをわかっているのか疑問です。

私はゴッドではありません。だからこそ、どんなことがあっても自分がリカバーできる範囲でしか施術をしないのです。危険はまったくありません。

また、美容整形の場合は、施術として一切の落ち度がなくても、美的な部分で患者様が「思い通りにならなかった」という「失敗」が発生することがあります。

これは価値観の問題です。

百人が見て五十人が「失敗だ」というほどの失敗はしない、という自信はあります。しかし、百人が見て一人が「これは失敗だろう」という失敗をしないかというと、そこは正直なところ「ない」とは言い切れません。

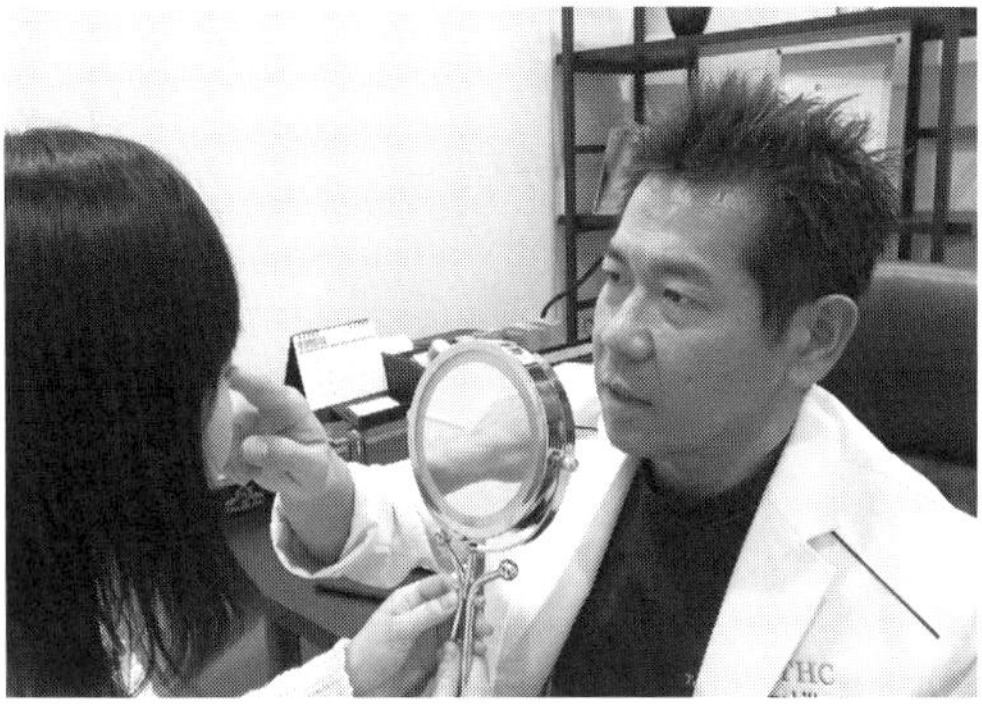

そうした失敗を防ぐために、私はカウンセリングを重視しています。

じっくり時間をかけてお話することで、その方の美の価値観、どのようなことを求めているのかをしっかり把握しようと努めています。

患者様にも、私の技術でどこまでが可能か、リスクはどんなことが考えられるかをお伝えし、理解と納得をした上で、手術を受けていただくようにしています。

つまり、カウンセリングは、患者様の求めていることと、私ができることのすり合わせです。すり合わせがうまくいかない場合は、のちのちトラブルになることは目に見えているので施術をお断りすることもあります。

たとえば、患者様が危険な手術をお求めの場合や、私の経験と技術では不可能な手術をお求めの場合です。そういうときは、正直に「できません」と言っています。

私がこれまで施術したなかで、「思い通りにならなかった」「失敗だ」というクレームを受けたことがないのは、このカウンセリングがあるからこそだと思っています。

お隣、韓国は「整形大国」と言われていますが、ドクターは人件費もかかるし、そもそも絶対数が少ないそうです。

そうしたなか、経営的な面だけを考えれば、時間のかかるカウンセリングは安く雇ったスタッフが行い、高い報酬を払わなければならないドクターは処置だけ行う分業制をとったほうがいい。数少ないドクターを効率よく回して、多数の患者様を受け入れることができます。

その結果、どうなるか、想像つきますよね。

実は、日本でもそういう利潤追求型のクリニックは少なくありません。大手だからとか、小さいところだからとか、クリニックの規模で一概には言えません。むしろ、患者様が多ければ多いほど、どんどんさばいていかなければなりませんから、カウンセリングはカウンセリングスタッフ、ドクターは処置のみ、ということもあります。
患者様側としては、一般的にはクリニックを何軒もハシゴするようなことはないでしょうから、最初に行ったクリニックがそういうところだったら、「美容外科とはそういうものなのだ」と思ってしまうでしょうね。


また、大手、個人経営問わずクリニックが爆発的に増えた今、半数ほどは経営が厳しい状態だと思われます。どこも患者様を取り合っている状態。競争がものすごく激しいんです。

そうしたなかで、ドクターは少しでも多くの患者様を担当して経験を積みたいと思っています。いわば、練習台です。

私には、二十年以上積み重ねた経験と技術があります。今さら〝練習〟は必要ありません。

「私、失敗しないので」

その言葉には、それなりの理由があるのです。

美容整形で人生が変わる!?

何千、何万という患者様と接してきましたが、美の価値観は本当に人それぞれだといつも思います。

何をもって「美しい」というか。

結局は、本人が満足できるかどうか、それだけに尽きるのかもしれません。

ちょっとした施術を受けただけで、実際にはそれほど変わっていなくても、心から満足して喜ぶ患者様もいますし、ものすごく変わったにも関わらず、「まだまだ」とコンプレックスが解消できない患者様もいます。

「きれいになる」ということが女性にとってどれだけの力になるか。たくさんの患者様の悩みを聞いて、そして、それを解消してきてつくづくこの仕事にやりがいを感じています。

十数年前、七十代のご婦人がクリニックを訪れました。ご高齢ではありますが、品のよい素敵な方でした。

「私は肺がんで、余命が一年と言われているんです。もうすぐ死ぬので、死に顔くらいきれいにしたい。放射線療法があるなか、どこまでの手術ができますか」

私はこう答えました。

「余命なんて気にしなくていいですよ。僕が見る限り、がんの顔をしてないから、大丈夫です。約束します」

それでこの時は、たるみとりだけ受けていただき、

「がんが治ってから、またいらして下さい。治ったら、注射を無料でさせて頂きます」

という話をしました。

それから一年。電話がかかってきました。

「先生、私のこと覚えているでしょうか」

「もちろん、覚えていますよ」

「注射、無料でやってくれると約束しましたよね」

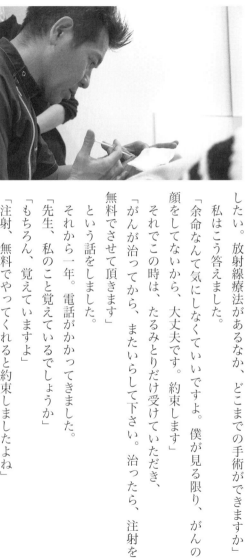

「もちろん、ぜひお越し下さい」

訪れたご婦人は、がんはすっかり治ったそうで本当にきれいでしたね。

同じ医者でも、かたや「一年で死ぬ」と宣告する医者、「大丈夫」と言った医者、どちらを信じるか。ご婦人は、私を信じたから治ったのだとおっしゃっていました。

十年後、九十歳近くになり、誕生日を迎えたご婦人にお花を贈りました。


長年通っている患者様で、がんになったという方も結構います。みなさん美容意識が高く、七十、八十になっても常に美しくありたいとおっしゃって、その気力で病を克服される方もいます。「整形」は、形を整えると書きますが、単に見た目を整えるだけでなく、気持ちを大きく変えることができるものです。

うつむいて過ごしていた毎日だったけれど、私のところに来てコンプレックスがなくなった、ハッピーになった、そう言って表情が豊かに生き生きとして、施術の効果以上にきれいになった患者様は数知れません。

どこまで患者様の気持ちの問題に近づくことができるか。私はそこを大切にしています。

正直なところ、美容整形でできることは限られています。鼻の高さが何ミリ、二重の幅が何ミり、そこを突き詰めたところで、解決できることではないんです。

実際、思い通りに〝形を整える〟ことができても、それでも「満足できない」という患者様もいます。「鏡を見ていたら、次はここが気になってきた」「ここにしわができてしまった」と新たなコンプレックスが次々に生まれるのです。

私は患者様が求めるのであれば、危険や無理がない限りは、施術に応じます。私個人としては「いや、もう充分きれいだよ」と思ったとしても、あくまで患者様の価値観ですから、そこを否定することはできません。あまりに行き過ぎていて、美容的なレベルとはかけ離れている場合は、別のご提案をすることもありますが、だいたいそういう患者様は私が止めたところで他のクリニックに行って施術するでしょう。

最終的には、やはり自分をどこまで受け入れることができるか、ということだと思います。自分はここがヘンだ、ここもコンプレックスだと、どんどん減点して、マイナス部分を整形で補うのではなく、まずは事実は事実として受け入れる。つまり、今がゼロのフラットな状態。そうすれば、整形はプラスでしかない。

「先生のおかげで、人生が豊かになりました」

そんな言葉が私の励みとなっています。

みんな同じ「キレイ」から多様化の時代へ

一昔前は、「○○ちゃんみたいになりたい」「○○ちゃんのような目になりたい」と具体的な芸能人の名前を挙げて、来院される患者様がたくさんいました。たとえば、「安室ちゃんみたいになりたい」「あゆみたいになりたい」といった具合です。

最近は、そういうふうに言う子は少なくなったように感じます。嗜好が多様化している時代と言われていますが、美容整形も〝理想〟とする子の多様化、〝美〟の多様化が進んでいるようです。「○○ちゃんみたいになりたい」と名前が挙がる子も、アイドルや女優はもちろん、キャバ嬢やAV女優の子など、さまざまな業界の子の名前が聞かれるようになりました。

この十年ほどで、美に対する意識が大きく変わってきましたね。

一方で、男性の美容整形はいまだ一割程度と少ない。少ないながらも、やはり多様な方々が来院する点が男性の特徴です。

たとえば、多いところでは、ホストやアイドルを目指している子、ニューハーフ、女装趣味の方。「女装をしたいから、整形をする」のだそうです。

また、一見、ふつうのサラリーマンふうの方ですが、女性の下着をつけることが趣味だそうで、そのために「豊胸したい」と。ただ、会社にみつかったらたいへんなので、時間が経てば自然と体に吸収されるヒアルロン酸かなにかで入れてくれないか、というリクエストでした。
いろいろな嗜好の方がいるなと、つくづく思わされます。
まるっきり女の子かと思っていたら、カウンセリングしているうちにニューハーフだということがわかった子もいます。声も女の子だったので、まったくわかりませんでした。その子は芸能活動をしています。
まだまだ男性の美容整形は、こうした独自の嗜好がある方や、ホストや芸能人など容姿を売りにしている方が受けるものという固定概念が強いようですが、もっと女性のように気軽に受けてほしいですね。たとえば、営業マンや接客業の方が「第一印象をよくしたいから」とか、中高年の方が「いつまでも若々しくいたいから」とか、それくらいの理由で美容整形してもいい時代になってきていると思います。

外国人の患者さんも少なくありません。海外に在住しているけれども、私の施術が受けたいと、わざわざ旅費をかけて来てくださるのです。ハワイから通院している方もいます。

あるイギリス人男性は、内縁の奥さんに、「若返りならいい先生がいるから受けたほうがいいよ」と紹介されたと、はるばるイギリスから時間とお金をかけて来院しました。

私はその方の名前に見覚えがありました。若かりしころ、伝説のギタリストとして仲間うちで話題になっていた方でした。

「まさか」と思って、インターネットで調べて見たら生年月日まで一緒。

通常、私は、どんなに有名な方が来院されても、その方のプライバシーもありますから、一般の患者様と変わらない態度で診察しています。

しかし、このときばかりは思わず「もしかして、あのギタリストの◯◯さんですか？」と聞いてしまいました。

すると、「ＹＥＳ」と答えるじゃないですか！

「ナイショにしていてくださいね。また、来ますから」

その方は、今もわざわざイギリスから来院されています。

改めて振り返ってみると、さまざまな方を担当させていただきました。時代は変わっても、患者様が女性でも男性でも海外の方でも、誠意を持って施術したいと思っています。

第二章

岡崎で
東京ヒルズクリニック
を開業するまで

岡崎　東京ヒルズクリニックのフロア

兄の「スペアタイヤ」だった

私は、昭和四十六年六月二日、愛知県岡崎市に生まれました。

我が家は、祖母の代から医者。祖母はいわゆる町医者、父は町医者をしながら小児科を付設しました。

姉、姉、兄貴、私の四人きょうだいの末っ子。年の差は、二歳ずつ離れています。兄も含め、「男は医者になるもの」として育てられてきました。

祖母は、私が三歳のときに他界したのであまりよく覚えていませんが、とてもやさしかったように記憶しています。

親父は、こういったらなんですがかなり無茶苦茶な人です。医者っぽくないと言いましょうか。いつもティアドロップのサングラスにスーツ。一見、ヤクザっぽく見えます。

当時は「先生、先生」と患者様に酒をもらうことが結構あったんですが、父は豪快に飲んでいましたね。一晩でウイスキー一本を空けてしまうことも。

細かいことは気にしない。私が何をしても「いいよ、いいよ」と気にしない。お金に対する頓着も一切ない。その割に、他人への気遣いはよくするタイプでした。

姉二人は両親から厳しく育てられていましたが、私は末っ子ということもあり、ものすごく甘やかされて育てられたと思います。

一番上の姉は、語学が堪能で国防省に勤めている外国人と結婚。二番目の姉は、キッコーマンの創業家である高梨家に嫁いで、イタリア暮らしをしています。

幼いときから、兄貴が医者になり医院を継ぐと言われ、私は「スペアタイヤ」と呼ばれていました。

兄が医者になれなかったときは、私がなる。そんなふうに医者になることが、当たり前と両親からも親戚からも見られていました。

しかし、小学校ぐらいから自我が出てくると、親の言われた通りに医者になることに抵抗を覚えるようになりました。

「僕はお医者さんにはなりたくない」

小学校では、兄は成績がとてもよかったということもあり、私は破れかぶれ、どうでもいいという気持ちでした。

兄は中学受験をして、埼玉にある秀明学園に進学しました。この学校は、中高一貫の全寮制男子校（のちに共学化）。医学部・歯学部等の合格率は全国トップクラスで、全国から医学部、歯学部を狙っている子どもたちが集まるような学校でした。

私は、小学校のとき兄ほど成績はよくなかったし、周りの子たちより背が大きく力もあって、いわゆるガキ大将タイプ。あまり素行がいいとは言えませんでした。

「全寮制のなかで揉まれてくるといいだろう。お前も秀明学園に行きなさい」

と言われて、そのまま兄の後を追うように入学。

小学校卒業と同時に岡崎を離れ、寮に入ることになりました。

将来の夢は「美容外科医」

十二歳にして親元を離れ、男子ばかりの全寮制学校に入りましたが、兄もいたので寂しくありませんでした。

今はどうかわかりませんが、当時この学校では、中間試験や期末試験を受ける前に、必ず将来の目標を書かせるんです。

「将来、何になりたいか」

目標かあ……。何もないけれども、うちは「男は医者になれ」と言うし、学校もみんな医学部か歯学部狙い。だから、とりあえず「医者」と書く。

「大学はどこに行きたいか」

大学なんてよくわからないけれども、愛知県出身だし、名古屋大学医学部に行けたらいいいんじゃないか。

「目標を達成するために、どういう努力をするのか」

……こんなことを試験のたびに書かされるわけです。

不思議なことに、毎回書いていると、自己暗示にかかるというか、だんだんその気になってくるものです。

毎年、少なくとも六回ずつは書かされるので、高校に上がるくらいになると、現実的なところが見えてきて、だんだん本気で考え始める。

夏休みや冬休みに帰省するたびに、親にも「医者になれ」と言われ続けました。「なりたくない」と答えようものなら、「ならないなら、何になりたいのか」と食い下がられる。

結局、中学生のころから「美容外科医になりたい」と言うようになりましたね。

当時、美容外科医としては高須克弥先生がテレビに出ていたくらいで、実際には美容外科のことがよくわかってはいませんでした。

ただ、なんとなく医者だけど医者じゃない、ウラの世界の医者のような、そんなちょっと変わった存在に憧れがあったんです。

それに、人の顔をいじることができる整形というものに、興味がありました。美術で絵を描くことも大好きだったので、美術的なセンスには自信があり、理想の形を描いたり作り上げていくことはさぞ楽しいだろう、没頭できる仕事だろう、僕に合っているだろうと思っていました。

親も、美容外科だろうとなんだろうと医者になるなら「それでよし」。世間体を考えると、医者になれなかったときのほうが困る。美容外科に興味があるなら、それを目指してがんばってくれ、とにかく医学部に行ってくれ、と私の夢を後押ししてくれました。


兄は中学、高校時代、成績はあまり伸びなかったので、大学受験の段になって、「医学部は難しいのではないか」ということになり、歯学部を受験。無事に合格しました。

私は、小学校のときはパッとしない成績だったのに、中学に入ると相変わらず勉強はしないものの、成績はいつも上位をキープしていました。

中学の後半から高校三年までラグビー部に所属し、毎日ラグビーの練習ばかり。それでもいい成績が取れたのは、負けず嫌いの性格のせいかもしれません。テスト前に追い込まれると強いんです。短期集中で暗記をしていく。

また、中学生くらいだと反抗期を迎えますし、世間的にもいわゆるツッパリが流行っていた時期。そういう雰囲気に流されて、ちょっとグレた感じになって、勉強をしたくなくなる子もなかにはいたんですが、私の場合、反抗期が小学校高学年から中学一年と早かったので、中学二年、三年になるころには、もう「つっぱっているなんてバカバカしい」と思えるようになっていました。先生に反抗するなんて無駄、それよりも先生を利用したほうがいい、と。

だから生徒会もやっていました。別に、リーダーシップを取るつもりはありません。私は副会長。目立って面倒なことは会長にまかせて、いたって楽しい学園生活を送っていましたね。

全寮制で中学一年から高校三年まで同じ寮のなかで生活するものですから、寮のなかでは自然と上下関係のピラミッドができます。学年があがるにつれ、ラクになるということもありました。


こうして、いざ志望大学を決めるという段階になり、「本当に医学部を受けられるんじゃないか」と父も期待を寄せるようになりました。

「別に、国立大学は狙わなくていいよ。私立なら教科数も少ないし、確実に合格できるんじゃないか」

父の勧めの通り、私立に割り切って、照準をしぼって勉強したところ、難なく東邦大学医学部に合格しました。

なぜ東邦大学か。東京で一人暮らしをして遊びたかったからです。絶対に都内の医学部に入りたかったんです。

美容外科医になるルートは存在しない!?

大学ではアメフト部に入りまして、毎日、毎日、アメフト三昧でした。授業に行くというよりも、アメフトをしに大学に行っていたようなもの。

練習は、毎日四~五時から始まって、終わるのが十一時、十二時。上の学年になると、授業が終わって練習に参加できるのが、八時や九時になってしまうので、そこから全体練習をするからどうしても深夜までかかってしまうんです。

深夜に練習が終わり、帰って風呂に入ってご飯を食べて寝ると、起きたらもう昼過ぎ。それで

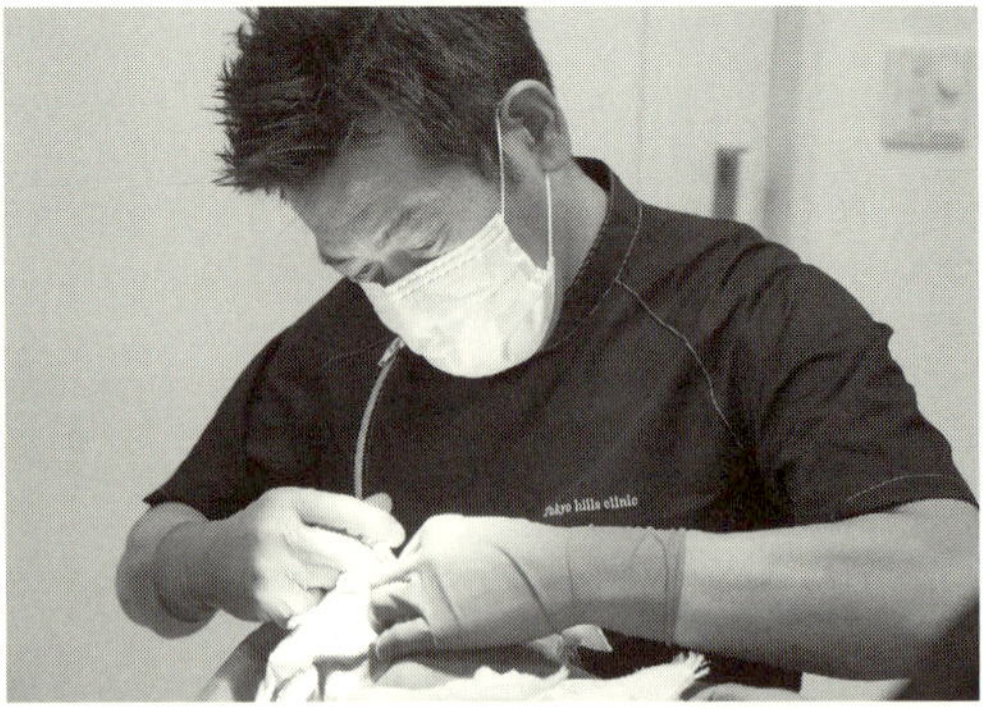

また大学に行って、練習に参加して……というサイクル。

成績はガタガタかというと、そうでもなくて、中学高校時代と同じくいいほうでした。

だいたい先生が試験範囲を教えてくれるでしょう？ そこのテキストを開いて見ていると、どこに何があったかパッと覚えられるんです。画像で記憶するような形です。

この方式ですべてパス。内容をしっかり理解していたかどうかと言われるとあやしいのですが、とにかく試験には強かったんです。

とにかく、精神的に追い込まれたら強い。これは社会人になってからも、ずっとそうでした。この精神的な強さがあるから、今があるんじゃないかというくらい、追い込まれてナンボ。

最後の最後まで、諦めるということもない。「もうダメだ！」と思っても、これまでなんとかなってきたので、それが繰り返されて、今ではすべてが「どうにかなる！」と思えるようになってきました。

どんなときも諦めない強さは、何を行うにも必要だと思います。

アメフト部ではレギュラーとなり、高校のラグビーのときも楽しかったけれど、さらにいっそう楽しく活動していました。

「医科・歯科リーグ」というものがあるんですが、「何がなんでも絶対勝つぞ」というのは私にはなく、「みんなで楽しくプレーしようよ」というタイプ。

いつもおちゃらけていたので、新入生歓迎の時期や合コンで先輩たちから重宝される、という感じです。

大学では、中高時代よりも上下関係がしっかりあるので、そこはよく学ばせてもらったように思います。

医学部は、六割男子、四割が女子。大学三年のときに、生涯の伴侶となる妻と出会いました。同級生です。

楽しい大学生活を送っていましたが、いざ進路を考えるときに現実を知りました。

美容外科医というルートがないんです。

当時の美容外科医は中途採用がほとんど。どこかの医局に勤めてしばらくしてから転職するという形で、新卒採用なんてなかったんですね。そんなことも知らずに「美容外科医になりたい」と言っていたわけです。

ただ、ある飲み会で女子医大の子たちと飲んでいるときに、「美容外科の研修を見に行った」という子がいまして。

「美容外科医になるルートってあるの？」

「あるよ、私が行ったのは品川美容外科というところ」

という話題は出ていたんですね。

当時は、高須クリニックと大塚美容外科が二大美容外科。品川美容外科は知りませんでした。

「なるほど、僕以外にも美容外科に興味がある学生がいるんだな」

と、そのとき改めて思いました。

ただまあ、当時の流れとしては、新卒で美容外科医になるのはあまり一般的なケースでないことは確か。

アメフト部の先輩は外科系が多いので、「杉浦、こっち来いよ」とよく誘われていました。自分でも内科医よりは、外科医が合っているかなと思っていたので、外科医になるか……と進路を決めようとしたとき、運命を変えたのが、ある医療系の専門誌でした。

何気なくページをめくっていたら、医師の募集広告が目に入ったんですね。

品川美容外科でした。しかも、新卒を募集していたんです。

マジで!?　と驚いてすぐに問い合わせの電話したところ、

「確かに新卒を募集していますよ。面接をするので来てください」

と当時のボス（現理事長）。

「ほ、本当ですか！」

大学六年生の夏休み前のことでした。

「騙されているんじゃないか」と心配され……

医学部を卒業してすぐに美容外科、しかも当時はまだ無名の、よくわからないクリニックに入る学生はまずいません。少なくとも、同じ学年のなかでは私以外にいませんでした。

一般的なコースは、大きな病院の医局に入って、何年か経験を積み、その後、そのまま大病院で出世をめざすか、開業するかというコース。

アメフト部の先輩たちにも引っ張られていたので、外科に行こうかなと思った時期もあったんですが、そこで私が懸念していたのは、医局は年功序列が強いということ。

いくら実力があっても努力をしても、年功序列で上の地位が守られていて、下の立場の人間はずっと下のまま。そのことが「時間がもったいない」と思ったんですね。

浪人も留年もしていないんですが、なぜかその当時は「俺には時間がない！」と強く思っていて、医局の敷かれたレールに乗るのは、ものすごく回り道に感じたんです。

品川美容外科に「面接に来てください」と言われて、それまで品川美容外科がどんなクリニックなのかよく知らなかったので、一応、調べてみたのですが、同じ大学から新卒で入った先輩はやはりいませんでした。

他の美容外科も調べてみたところ、高須クリニックも大塚美容外科も神奈川美容外科も、ほとんどがある程度、形成外科を経験した医師のみ募集していました。

先輩にも聞いたら「いろいろなことを経験してから、美容外科でもいいんじゃないか」と言う。

なんだかあまり「来てくれ」と言われると、不安になってしまいますよね。そんなに人手が足りないのか、ベテラン医師たちが続々と辞めてしまうようなクリニックなのか……。

多少の不安を抱えながらも品川美容外科の面接を受けて、約一週間。内定のお知らせが届きました。

提示された給料も新卒としては破格。「こんなにくれるの!?」と驚く金額で、私はすっかりその気になってしまいました。

「来るな」というところより「来てください」というところにいったほうがいいはず。

それに、新卒で即戦力になれることは大きな魅力でした。とにかくまどろっこしい回り道なんかしたくなかったので、すぐに現場でバリバリ働けるのはありがたい。

もちろん、父親、母親にも許可は取りました。給与の話をしたら誰も信じなくて。母は「騙されてるんじゃないか、大丈夫か」

と心配する始末。

父親はそのとき、

「だめだったらだめで、戻ってくればいいじゃないか。周りの声は気にしないでいいよ。どうにかなるだろう」

と言ってくれました。

後から冷静に考えると、人生に何か不思議な力がかかったように思います。

もともと私は、人と違う道を行こうというタイプではないんです。みんながそちらに進むなら、そちらに一緒に乗っちゃおうと考えるタイプ。

ある意味、保守的。今までだったら、みんなが医局に入るならそれでいいと考えたことでしょう。

アメフトの先輩たちからも「おかしい」「こっちの医局に入れよ」とさんざん言われました。当時から付き合っていた妻は特に何も言いませんでしたが。

そのなかであえて美容外科の道へ進んだのですから、美容外科の世界が私を呼んでいたようにしか思わない。

今振り返ってみると、私の人生にはところどころでこうした不思議な力がかかるように思います。今、開業したのも、これっぽっちも考えていませんでしたから。

品川美容外科で充分な給料をもらっていたし、仕事にも生活にもなんら不満はなかった。それなのに……人生わからないものです。


こうして、中学生のころから興味を持っていた美容外科の世界に入ることになりました。

正直なところ、施術自体はそう難しいことはしないいんですよ。はっきり言って、医学的には大した手術を行うわけではないんです。

しかし、逆に言えば教科書がない世界。自分のやり方次第で、よくも悪くもなる。患者様の人生が変わるかもしれない。自分の努力と技術次第で、結果が跳ね返ってくる。だからこそ、本当の技術が必要。

そう考えると、実は、とても奥が深い世界。そこに大きな魅力を感じました。

ドサ回りの新人時代

一九九六年に卒業し、品川美容外科に入りました。

当時、美容外科というところ自体がアンダーグラウンドな世界。包茎手術か二重手術、あとはわきが、くらいなもので、お金を持った芸能人が受けるもの、という認識がありました。

一般の人が整形するのは、かなり引かれるような時代でしたね。

品川美容外科も、当時はあまり目立たないような、ビルの片隅のワンフロアにありました。

美容外科業界が盛り上がってきたのは、二〇〇〇年代に入ってから。いわゆる「プチ整形」が出てきてからですね。そこから表世界に出てきました。

品川美容外科も、二〇〇〇年代にグッと上がってきまして、その激動の時代を目の前で、まさにその中で見てきたわけです。

入ったばかりのころは、当然、何もできませんでした。

一年目は、ドサ回り。地方にあるクリニックに行かされるんです。

そのころは、広島、静岡、名古屋、福岡、札幌にクリニックがあったのですが、常にドクターがいるわけではなく、一週間に三日間くらい、東京からドクターが行ってオペをするんです。

だから私も、月に半分以上は出張していました。

一年目で覚えることは、包茎、わきが、二重、脂肪吸引。カウンセリングをした際、それらに当てはまらない、自分でオペできないものは、次の週に来る先生が行うということにしていました。

ドクターは全部で二十人弱在籍していました。本院に戻ってきたときに会うと話して情報交換はしますが、特に勉強会といったものはありませんでしたね。

教科書もないですし、他のドクターがやっていることを見よう見まねで覚えていくような形です。

「これだけはやってはダメ」ということを聞いておけば、それほど難しいことはありません。

先輩たちがやっているようにやって、一年目はまあそんなものかなと思っていました。

私は、自分ができないことは「できない」とはっきり言うタイプなので、新人でもみなさんが思っているほどクレームはありませんでした。

そのとき思ったんです。コミュニケーション能力が大切なのだ、と。

美容外科は、患者様に合わせていかなければならない。だから、カウンセリングを重視しなければならないということは、かなり早い段階で気づいていました。

カウンセリング重視のスタイルは、先輩に教わったわけではなく、私のオリジナルです。

先輩、後輩、当時は和気あいあいと仕事の知識や経験を教えあっていたので、今でも仲がいいですよ。

私が品川美容外科を辞めても、たくさんの後輩たちが「先生、先生」と慕ってくれています。体育会系のノリはもともと好きなので、嬉しいですし楽しいですね。

飲み会も、私から誘うことはあまりないのですが、誘われればできる限り行くようにしています。会って昔の話をするのは楽しいですから。

当時、仲良くしていたドクターたちは、今、美容外科学会の中心にいます。学会でどうこうという堅苦しい話はなく、「こういうときどうしてます?」「こうすればいいんだよ」と気軽に相談し合える仲です。

一生付き合える仲間もいます。仕事の上司、部下という関係ではなく、本当に仲間、同志のよう。本当に恵まれた環境のなかで、知識と経験を積み重ねていけたと思っています。

新宿院の院長に異例の速さで昇格

品川美容外科に入ってから二年と少し経って、新宿院の院長に昇格しました。新卒で入って、まだ二十七歳のころです。

割と、上の人に好まれるタイプだったというのもあります。

それだけではなく、数字も確実に出していました。

当時は、美容整形が「サービスである」という感覚が一般的にありませんでした。患者様に対しては、手術を「やってあげる」という感覚。品川美容外科に限らず、どこのクリニックもそんな感じでしたし、医者という存在がどこでもそうだった時代だったのかもしれません。

そのなかで、私は「受けていただく」という感覚。

サービスの感覚やレベルが、他の先生とはまったく違いました。

だから、患者様の希望通りにオペを行うだけでなく、こちらからも提案ができるんです。

患者様が何を求めているかを汲み取って、「目をこうするなら、鼻も少しこのようにすると、バランスがよくなりますよ」「二重にしたいなら、このタイプのほうがご希望に叶うと思いますよ」と、いわゆるセールストークができる。

患者様が要望することをただ「ハイハイ」と聞いてオペをするのではなく、どこにこだわっているのか、どのように美しいと思っているのかを考えて、その理想を叶えるような形に変えていく。

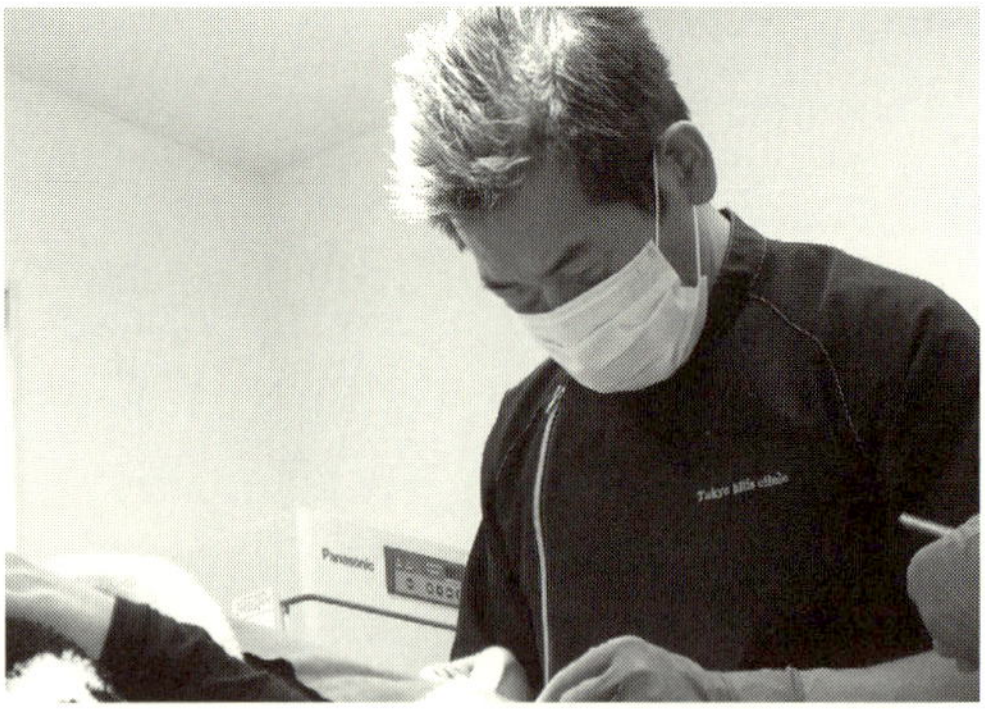

時には、「客観的に見るとこうしたほうが美しい」とアドバイスもする。

そういう方向性にシフトしていくと、患者様の満足度も高まり、リピーターが増えました。

私としても、患者様が満足して喜んでいただいている様子を見ると、大きなやりがいを感じましたし、院内での評価も高まっていったんです。

ただ、若いころは、自分の考え方、価値観に反する人は「ノー」と言う時期もありました。

「それは、おかしいと思う。それでも手術したいというなら、他でやってください」

と、少々ケンカ腰になってしまうことも……。

まだ私も二十代でしたし、ちょっと頑固なところがあったんですね。

その点は、経験を積み、年を経ていくうちに、世の中にはいろいろな価値観の人がいる、私と美の価値観が違う人はたくさんいる、一方的に否定してはいけない、受け入れた上で、患者様と一緒にベストな結果になるよう考えていこうということがわかりました。

空前の「整形ブーム」が到来

一九九八年ごろに新宿院の院長になり、二〇〇〇年ごろから美容外科業界がグイグイと上がってきました。

それまでは、美容整形は〝秘め事〟とされる風潮にありました。情報も雑誌の広告くらいでしか目にする機会がなかったんです。

しかし、インターネットが普及し、誰でも手軽に情報が得られるようになりました。そのタイミングと、美容外科技術、機器の発達がタイミングよく結びついて広がった形です。

特に、レーザー脱毛の機器、技術の発達によって、一般女性にとっても美容外科がグッと身近なものになりました。

脱毛は、以前は毛穴に針を刺し電気を流して、毛根にダメージを与える「ニードル脱毛」が主流でしたが、これは痛い上にトラブルが多くありました。

それが、レーザーを照射するレーザー脱毛になり、脱毛のハードルが下がったように思います。

脱毛で劇的に売り上げを伸ばしたクリニックもありました。

「プチ整形」「注射系」も、「整形のうちに入らない」というふうに抵抗感が薄れ、患者様が増えてきました。

キーワード検索で上位に表示されるようにするＳＥＯ対策の競争が異常に激化した時期もありましたね。ワンクリックでいくら、と各クリニックで取り合いしていました。

医師法がかつてはもっと厳しく、美容外科に対する広告規制は厳しい時代だったのですが、インターネットが広告媒体として認められるまでに時間がかかり、広告枠も奪い合い。口コミサイトも乱立し、良くも悪くもインターネットの普及で、美容外科業界は大きく変わったように思います。

新宿院の院長になってから、しみじみ思ったのは、人を扱うことのたいへんさです。これに尽きます。

私以外は全員女性スタッフ。女性をどう扱えばいいかわからず、ストレスがすごくありました。たとえば､予約の入れ方ひとつとっても､受付担当の子が「先生が決めてください」と言う。「適当にやっておいて」と言うと、トラブルになってしまう。

なにか失敗があったときも、男子校、体育会系のノリで、

「テメー、なにやってんだ」

と言ったら、総スカンを食らってしまいます。もっと気を使わなければなりません。誰かが機嫌を損ねて「もう辞めます」なんて言い出すと、「じゃ、私も」と負の連鎖が起きてしまいます。平等に扱うことにも気を配りました。特定のスタッフを気にかけると、「ひいきしている」「気

があるんじゃないか」なんてウワサがすぐ立ってしまいますからね。

同僚の男性がおらず、毎日、毎日、男と話すことがない日々……。

学生時代からいつも盛り上げ役で、トップに立つようなタイプではなかったということもあり、かなりのストレスを感じました。ストレスのせいで、十円ハゲにもなりました。

それも年月が経っていけば、だんだん慣れていったという感じです。

新宿院は、最初は六人ほどの小さなクリニックでしたが、最後、辞めるときは七十数人。

品川美容外科自体も、どんどん大きくなっていき、知名度も上がっていきました。

やくざからアイドルまで、さまざまな患者が来院

新宿院には、いろいろな患者様が来ましたね。

ものすごく偉い暴力団の超大物の方の包茎手術をさせてもらったこともありました。

「一ヶ月はエッチをがまんしてください」

とよく注意をしたのですが、守れなかったようで、エッチをして大量の出血をして慌てて再来。そこでしっかり処置したところとても喜んでいただけて、次の週から、

「『杉浦先生に男にしてもらえ』と親分に言われた」

という子分がズラッと来ました。

包茎手術はたくさんしましたね。真珠を除去してほしいという手術も多数ありました。

今ではかなりの大物女優となった子が、まだデビュー仕立てのときにマネージャーとやってきたこともありました。

「この子は、◯◯さん（大物俳優の名前）が認めた子なんで、しっかりと施術してほしい」

と頼まれました。そういう子がどんどん売れていくと、私もうれしいです。

「モデル志望」と言うけれど、「ちょっと難しいんじゃないかな……」という子が来院したので、私がいろいろとアドバイスしながら施術したら、念願のＪＪモデルになって、その後、女優に転身して有名になりました。そういう子は一人や二人ではありません。

絶頂期のアイドルグループも、メンバーが入れ替わり来ました。

一般の人から見ると、芸能人やモデルはただ「きれい」「かわいい」、それでＯＫと思うかもしれませんが、いろいろなパターンがあるんですよ。

これではスチール写真に弱い、テレビだと弱い、他のタレントさんと並ぶと弱い……みなさんそれぞれ目的があるので、その目的に叶うような形でありながら、さらにその子自身の個性を生かせるような施術をしなければなりません。

私の強みは、そうしたアドバイスができること。そういった相談も何回もされています。

AVの子もよく来ました。

ある子は、ロリコン系で売っていたけれど、活動休止期間を設けて、顔から豊胸から全身を整形して、新たな名前をかえて新しく売り出していました。

僕自身はAV業界に詳しくないのでその子のことを知らなかったのですが、後輩が見て気づいて、「あの子、全身やってますね」「あれ、あの子、この間、僕のところに来た子だよ」って。

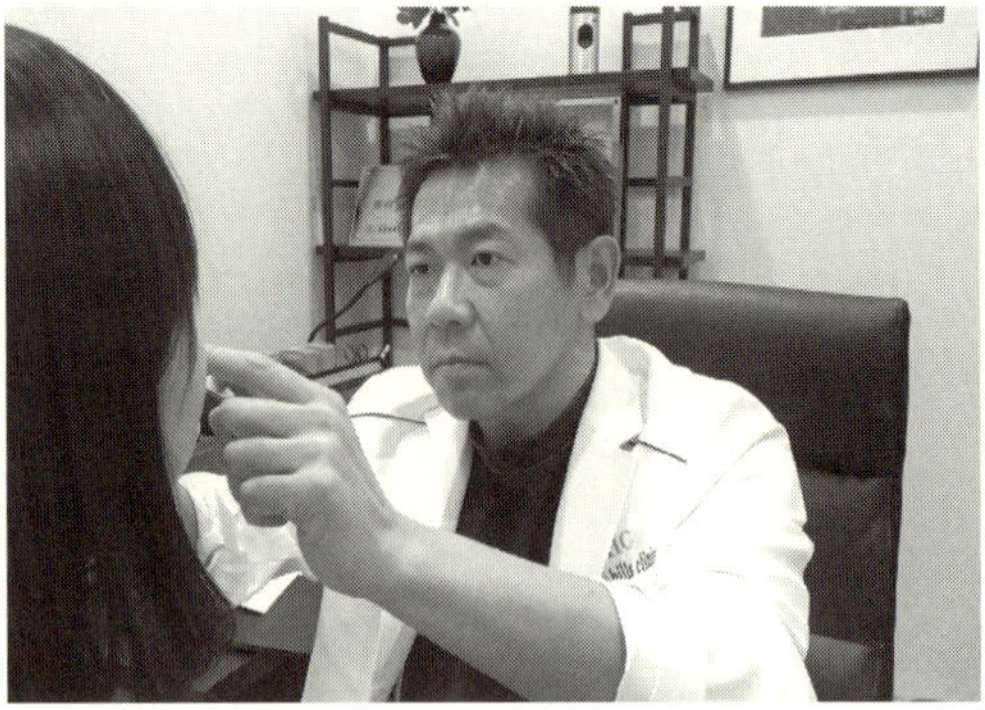

AV女優の事務所の人が女の子を連れてきて、

「この子、一〇〇万円でどこまできれいにできますか」と相談してくることもあります。「ここと、ここと、ここをオペすれば、かなりきれいになりますよ」とアドバイスする。

新宿院は新宿三丁目にあったので、二丁目がすぐ近く。後輩のドクターたちを連れてニューハーフのクラブに行ったら、五、六人並んだニューハーフの子たち全員が、僕が豊胸のオペをした子だった、ということもありました。

なんと、犯罪者が来たこともありました。放火魔として逮捕された女の子が、罪を犯す前に通院していたんです。警察から電話が来て知りました。

あるいは、身元のわからない犯罪被害者についての問い合わせが警察から来たこともあります。身元のわからない変死体が発見されて、所持品からうちの診察券がでてきたそうです。顔を解剖したところ、鼻やあごからプロテーゼが出てきたとのこと。

調べてみると、プロテーゼは確かにうちのものでしたので、身元調査に協力しました。

ある映画では整形をするシーンがあるというので、内容の監修をしたこともあります。

本当にいろいろな経験をしました。

私にとってお金とは？

もともと新卒のときから、医局に入るのとは比べものにならないほどの給料をもらっていましたが、さらに、院長になったことと、プチ整形ブームの到来で、収入はどんどん増えていきました。三十代前半、調子に乗っていたときはヒルズにマンションを購入しましたし、フェラーリに乗って遊んでいましたね。

当時は、「美容外科医」というと重宝されていた時期だったんです。やりがいという意味では、お金は必要なものですし、あったらあったで困るものではありません。

ただ、お金は貯めるのではなく使わないと価値がないものというのが私の考え方。お金は道具であり、ひとつの力。単に、預金通帳の数字だけ増やしていっても、きちんとその力を活用し、経験に変えていかなければ意味がない。そう考えて、割と使ってしまうほうです。

たとえば、自分が経験していないことをすでに経験をしている人には、自分にはない付加価値がついているじゃないですか。フェラーリを持っている人は、「フェラーリを持っている」というだけで価値が上がる。一方で、僕は乗ったことがない。

そうすると、その人は「すごい」と思いこんでしまう。

銀座で飲んだことがなければ、銀座で飲む人はすごいと思って、どこか対等になれない。

しかし、自分がフェラーリに乗るという経験をしてしまえば、フェラーリを所有している人と対等に、人間対人間として付き合うことができます。

六本木ヒルズに住んでいる人はすごいと思うかもしれないけれど、いざ自分が住んでしまえば、ふつうに見られる。

私が、諸先輩がたと対等にお付き合いできるのは、そういうことを経験したことが大きいと思っています。へんに、「あの人は偉い人だ」「すごい人だ」と気後れするところがないんです。

お金を貯めて、自分を大きく見せようということではありません。実際に持ってみると、そんな毎晩、銀座で飲み歩くような生活ができるわけじゃないですしね。

ただ、自分にプラスになる経験としてできる範囲が広がりますし、お金を持ったところからの視点が得られます。そして、いろんな人と対等になれる。

私は、百円のものだって自分に価値がなければ払いたくないですし、自分にとって価値があるものならば百万円でも払います。

そうした自分としての価値観はしっかり持って、他人に流されないようにしています。

余談ですが、西川史子さんは学生のころからの知り合いです。彼女が「恋のから騒ぎ」に出ていたころ、「お前、理想の生活を送りたいなら、結婚相手は最低四〇〇〇万円はないと成り立たないぞ」とアドバイスしたんですよ。〝年収四〇〇〇万〟の元ネタは私です。

岡崎で開業を決意

独立しようとは、まったく考えていませんでした。ずっとこのままでもいいかなと思っていたんです。

きっかけは、父の死でした。二〇一五年、父が七十七歳で他界。

糖尿病を始め、いろいろ病気をしており、七十二歳からは人工透析もしていました。車椅子で生活していたのですが、いきなり血を吹き出したそうです。

実家には母親が一人。近所には歯科医をしている兄が住んでいますが、母ももう高齢ですから心配です。

それに、祖母の代から続く医院をこのまま放っておくわけにもいきません。

悩みました。品川美容外科に入って、ちょうど二十年という節目でもありました。

そろそろ独立してもいいのかもしれない——。

二、三ヶ月考えて、妻に相談したところ、

「やりたいようにやっていいよ。協力するよ」

という返事でした。母にも相談すると、

「ほんとに？」

と喜びつつも信じていない様子でした。歯科クリニックを開業していた兄も協力してくれるということでした。

現実的にはどうすればいいのか考えると、いろいろしなければならないことがありましたが、みんなが協力してくれるということで、独立開業に向けて歩を進めることにしました。

たくさんの素晴らしい経験をさせてくれた品川美容外科を辞めるのも、後ろ髪引かれる思いでした。私を慕ってくれているスタッフもいたので、ないがしろにできません。「今までありがとう」という感謝の思いでいっぱいです。

私としては、何が何でも独立してやろう、がんばって独立してやろうというのではなく、すべてがなんとなく、いいように進んでいったという形。

二〇一六年に独立を考え始めて、同年十月に退職。その二ヶ月後に開業ですから、かなりギリギリのスケジュール。

二ヶ月間は中国行ったり韓国行ったり、自分のつくるクリニックを最高のクリニックとすべく、最新情報を吸収して研究を重ねていました。

以前から中国とのパイプを築いてきたのですが、いままでは品川美容外科の手前、断ってきました。一人になってなんでもできるということで、交流を深め、お仕事をいただくようになりました。

中国は、今後もいろいろなビジネスチャンスがあると見込んでいます。私にしかできないこともあるので、今後も行き来があるとみています。

韓国は美容の最新状況について、技術的なところとか、はやりものがどういうものがあるか、いろいろな人とディスカッションしたり、取り入れています。実に忙しく有意義な二ヶ月でした。

「東京ヒルズクリニック」オープン！

二〇一六年十二月、岡崎に「東京ヒルズクリニック」がオープンしました。

アジアをメインに美容外科医として活動を広げていくという思いを込めて、クリニックの名称には「エイジア」が入ったものを考えていたのですが、いろいろ調べてたら「東京ヒルズ」という名前がまだどこにも使われていなかったんですね。

私はヒルズにずっと住んでいますし、「ヒルズ」は高級路線で響きがいい。そこですぐに「東京ヒルズ」を商標登録しました。

ロゴは、友人と二人で酒を飲みながら、「こんな感じがいいかな」と相談して作りました。プロのデザイナーに頼んだわけではありません。

自信と不安は半々でした。

岡崎にどれだけの人が美容に興味があって、そのうちどれだけの人が美容外科に行こうと思ってくれるのかまったくわかりませんし、岡崎に「東京ヒルズクリニック」と言っても「ハア?」という状況ですから。

岡崎だけでなく、周辺の豊田、豊橋を含めれば、一〇〇万人が網羅できるかなと思っていたのですが、そもそも岡崎の人も、美容整形を受けようと思ったら、だいたい名古屋に行きます。逆に名古屋の人が岡崎に美容整形を受けに来るという認識は、一般的にありません。

オープン前、まずスタッフ募集の段階で、東京や名古屋との層の違いをまざまざと感じました。というのも、求人広告を出したにも関わらず、なかなか人が集まらなかったんです。給料をパンと出せば、いい人が集まるのかと思っていたら、そんなに簡単なものではありませんでした。まったく新しい個人クリニックですから、求人広告を出しても、「アヤシイ」と警戒されたのかもしれません。来たとしても求めている人とはかなり違う人でした。

品川美容外科のスタッフのなかには、「先生に協力してしたいので、ついていきます」という

岡崎「東京ヒルズクリニック」の外観とフロア内部

スタッフがたくさんいました。なんと、私が新宿院を辞めたあと、スタッフの半分以上が辞めてしまったそうです。

ただ、やはり現地スタッフも雇用しないことには人数が足りません。

人選には最後の最後まで悩みましたが、オープンギリギリにいい人材が集まり、急いで研修を始めました。

スタッフ募集と同時に、できるだけ多くの人に知ってもらうため、広告などで宣伝活動も始めました。最初はSNSやネット広告だけでいけると思ったのですが、ホームページへのアクセス数が大して伸びず、そこからの来客も見込めなさそう。

兄が「紙媒体は意外といいぞ」というので、雑誌や新聞に広告を出すことにしました。

ほかにも、看板広告、電車広告、駅構内、テレビＣＭ……あらゆるものにすべて広告を出しましたね。

そのおかげで、徐々に知名度は上昇。来院した人にもなるべくご紹介してもらうように、口コミで広がっていくように努めました。

いろいろな面でゼロからの出発でしたが、蓋を開けてみたら、想像していたよりも楽に事が運びました。初月から、目標の来院数は軽くクリア。知名度もかなり上がりました。

東京でも勝負をかける

そのうち、「東京でもクリニックを出してみないか」という話をいただきまして……。でも、断っていたんです。

独立開業した友人から「最初から二つも運営するのは無理だぞ」と言われましたし、実際に、岡崎を回すのでいっぱいいっぱい。

私の体はひとつしかないので、現実的に無理だったんです。

しかし、その一方で、東京からわざわざ岡崎まで来てくれている患者様が結構いまして、条件が揃えば、東京でもクリニックを開きたいという気持ちはあることはありました。

東京から二、三時間もかけて、来てくれる患者様たち。品川美容外科を辞めて東京ヒルズクリニックがオープンするまで、二ヶ月間、間が空いてしまったので、

「二ヶ月、行けなくて困っていた」

という方がたくさんいました。

「先生にずっとついてきて、もう十数年。注射一本だって、先生じゃないとイヤだから！」

「東京にもクリニックを作って！」

そんなお声をたくさんいただきまして、感謝の気持ちを込めて、ついに二〇一七年、新宿院をオープンさせました。

ここでは妻が院長を務めています。妻にも感謝です。

小さなクリニックではありますが、これで関東の患者様も来院しやすくなりました。

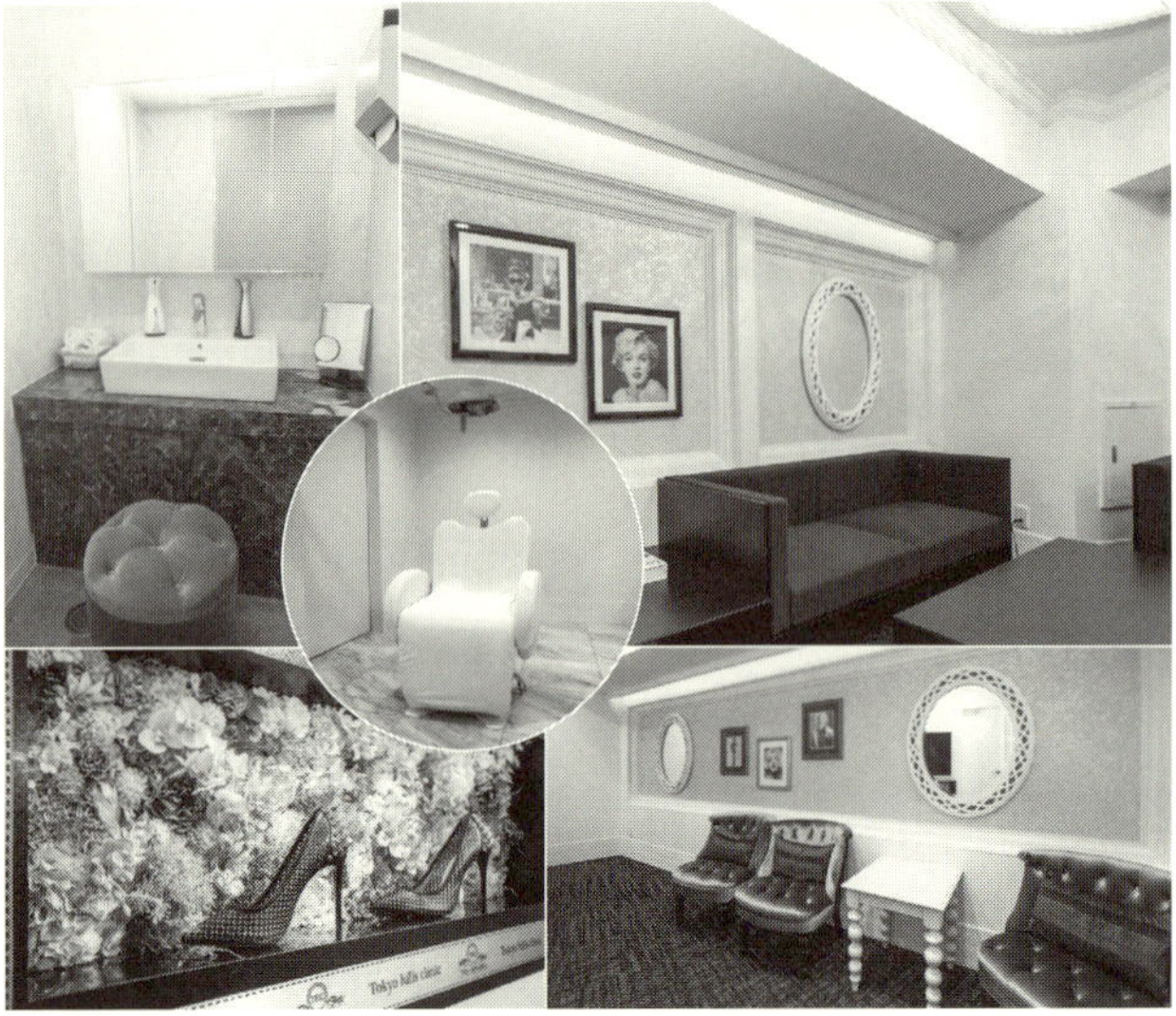

新宿「東京ヒルズクリニック」のフロア内部

独立を決めたのは、自分がどれだけできるか試したかったというところもありました。

「自分が正しいことをやっている」という自信はあったので、きっと患者様はついてきてくれるはずだと信じていました。それでもやはり不安もありました。

仕事のポリシーは、互いに感謝すること。毎日、笑顔で仕事すること。お互い気遣いをすること。

気遣いができる関係であれば、きっと仕事もうまく行く。

悪口を言ったり怒ったりするのではなく、人にいつも感謝していれば優しい気持ちになれる。

私はいつもそういう気持ちで仕事をしています。これからもぶれずに、その姿勢を貫いていきたいと思っています。

第三章

美容外科の
ウソ・ホント

東京ヒルズクリニック Miss Korea と

口コミがいいところはいいクリニック!?

みなさんが美容外科を選ぶとき、参考にするもののひとつが、インターネットの「口コミ」。

しかし、口コミは当てにしないほうがいいと私は思います。

よく考えてみてください。もし自分が行ってみて本当にいい美容外科だったら、不特定多数の人が見るサイトにわざわざ「あそこのクリニックよかったよ」と書き込みますか？　書き込まないでしょう。

もし本当にいいと思ったら、そんなに軽々しく教えたくないという人も結構います。オイシイ話は秘め事なんです。

実は、いい口コミを、クリニック側がお金を払って書いてもらうというシステムがあります。

だから、いい評判の半分くらいは、サクラと見ていい。

基本はネットの評判は信じる必要はないと思います。

ドクターのバックグラウンドを知ることは重要だと思います。

そういう意味で、ドクターがブログを書いていれば、それを読むのはいいと思います。ブログにはその人の人間性が表れますからね。

大きく見せようとしている人か、素朴な人か、美容整形に対してどういう考え方を持っているか、カウンセリングがしっかりできるか、どういう経験をしてきたか……ブログを読むと、ある程度のバックグラウンドはわかるはずです。

美容外科は、昨日まで内科をやっていたドクターが、「今日から美容外科医」と名乗ることもできる業界です。実際、そういうドクターはいくらでもいます。

そのドクターがどういう経験で、どういう人に学んできたか、を知っておくと、その技術もだいたいの予測ができるでしょう。

ただ、あまりに表面的な情報ばかり集めても、そこからは見えないところもあるのが現実です。テレビCMをやってるからすごい、有名だからすごい、メディアにたくさん出ているドクターだからすごい、ではなくて、さまざまな情報を総合して考えたほうがいいでしょう。

大きいクリニックがよくて小さいクリニックがダメということはなく、小さいところでもきちんと患者様に向き合っているドクターもいれば、わけのわからないドクターもいます。

また、大手だと、簡単な施術は若いドクターの練習台にすることがあります。クリニックの規模よりも、ドクター次第。大手でもベテランドクターを指名するなどしたほうがいいですね。

コースが組めるところはお得⁉

料金が安いところがいいか、高いところがいいか、それは価値観の問題です。

「安いところがいい」という人は、「安い」ということ自体が魅力のひとつですから、そこはあえて否定しません。

一般的に「高い」と思われる料金だとしても、あらかじめその料金が提示された上で、その患者様が納得して受けているのであれば、それは正当な価格だと私は思います。

ラーメン屋さんに例えるとわかりやすいかもしれません。

ラーメン屋さんって、高い店も安い店も、材料費や工程は大して変わらないものですよね。ただ、作り手のちょっとしたセンスや技術で、味は大きく変わります。

「どうせ材料は大して変わらないなら、できるだけ安いほうがいい」と思うなら、安い店に行けばいい。

「いや、材料が同じだろうがなんだろうが、おいしいものが食べたい」と思うなら、選択基準に料金は含めるべきではありません。

美容整形も、同じボトックス注射であっても打ち方次第で、顔の印象はまったく変わります。

私の患者様に「先生じゃないと、注射一本打たせたくない」と言う方がいるのはそのためです。

仕上がりを重視したいのであれば、料金よりもドクターに理想を叶える技術があるかどうか、自分とセンスが合うかどうか、を基準に選ぶべき。

ベテランドクターであればいいというわけでもありません。ベテランのなかには、新しい技術が受け入れられないというドク

ターもいます。新しい技術を入れていかないとならないのが美容外科業界です。

ラーメンと違うところは、「今日は金欠なので、安い店」「今日はおいしい店がいい」と気分によって選べるようなものではない点。

よく「二重手術をとりあえず安いところでやってみたけど、すぐ取れた」という患者様が結構多いんですよ。「とりあえず」ってなんなんだろうと思ってしまいます。

そう何度も何度も受けるような手術ではありませんから、初めの段階できちんと考えて選択したほうがいいと思います。


注意いただきたいのは、コースを組ませる契約。エステ系の脱毛で多いパターンです。

エステ系で使っている脱毛機器は、一般家庭用のもので脱毛効果は一時的な上に、コースを組ませて契約させるケースが少なくない点です。

コースを組むと、二回目までは簡単に予約が取れるのですが、三回目以降が取れない。

二回くらいの料金で、「一年間行き放題」なんて触れ込みにはご注意を。最低でも五、六回は行けそうだなと見込んでも、実際は予約が取れず有効期限が切れてしまうしくみです。だから安い。

それで利用者を集める商売です。

「解約したい」と言うと、「解約金を払え」と来る。利用者は安いから仕方がない……と泣き寝入りすることも多いようです。

こうした悪徳エステは、当然、悪いウワサが立ったりリピーターが減ったりして先細りするはずですが、稼ぐだけ稼いだらつぶれて、名前を変えてまた別のところでオープンすることもあるので、かなり悪質。

大手のように見えるところでも、店舗を一気に増やすだけ増やして、あっという間に潰れるという場合があり、払い戻しを訴えても潰れているのでできないということもあります。本当にトラブルだらけ。

はっきり言って、犯罪、詐欺ですね。

モニター商法も注意が必要です。

モニターというのは、ドクターが自分の技術をわかりやすく説明するための資料作成として、患者様に協力していただき、写真などを撮影させてもらうというもの。その分、施術料金はかなり値引きするというものです。

東京ヒルズクリニックでも、実際にモニターをお願いして撮影したケースもあります。

しかし、いつもいつも「モニター募集中です」「施術料金が半額になります」などと掲げていて、本当にそれが価値ある手術なのか不明な場合も多々あります。

たとえば百万円の施術が半額の五十万円になるからといって、そもそもそれが本当に百万円の施術内容なのか、一般の患者様にはわからないでしょう。

ましてや、それが本当に自分に必要な施術なのかどうかもわからない。結果、不自然な感じになって「失敗」ということもあります。

割安というだけで、安易に飛びついてはトラブルのもとに。

モニターは、経験の浅い医師の、いわば「実験台」にしているクリニックもあるので、注意が必要です。

美容整形を始めると中毒になる!?

「この手術、何年もちますか」

という質問を受けることがあります。「もつ」ということの意味の解釈が難しいところです。

というのも、人間五年もすれば誰でも老けます。同じ外見を維持することはありえません。

整形手術をしていても、加齢のほうがまされば、術後の状態から変化していくでしょうし、逆に、その部分は変わらなくても、周囲の老けていった部分と調和がとれなくなってしまうことがあります。その点は個人差があるでしょう。

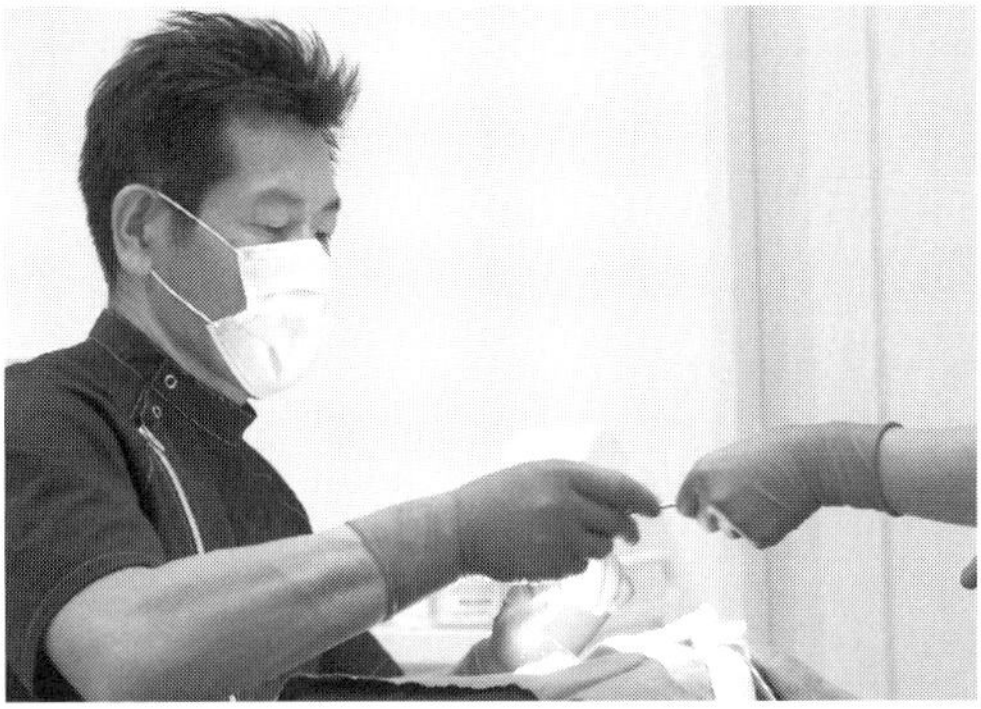

　また、注射系などは時間の経過とともに効果は自然と薄れていきます。誰もがお風呂に入ったり髪の毛を切ったりするように、維持しようと思ったら定期的にメンテナンスしなければなりません。

　そのメンテナンスを「必要」と捉えるか、「不要」と捉えるかの問題ですね。

　結婚式や同窓会など特別なときだけ来院するという患者様もいますし、白髪が目立ってきたら髪を染めるのと同じような感覚で、自分が気になってきたら来院するという方もいます。もちろん、毎月来院する方もたくさんいます。

ネットやテレビでは整形がさも恐ろしいことのように、超レアケースの「風船おばさん」などの例を挙げて、「整形をすると将来こんなに崩れる！」などと言う人がいますが、あれは違法な注射を自分で打ち続けた結果であって、本来の美容整形とはまったくかけ離れたもの。きちんとしたクリニックで施術を受ければ、あのようになることは絶対にありません。


「整形は中毒になる」という人もいます。これも個人の思考の問題でしょう。飲みに行くことが楽しみで仕事をがんばる人もいれば、ちょっと高い美容液を買うことを楽しみに仕事をがんばる人もいますし、その延長線上で美容外科クリニックに行ってきれいになることが嬉しくて仕事をがんばる人もいます。これを「中毒」と言うのでしょうか。

私は決して悪いこととは思いません。

危険がない範囲であれば、それによって生活にハリが出たり、人生が豊かになるものならば、なんら支障はないと思います。

実際に、子どものころから自分の顔が嫌いで悩み続けて、自殺したいとまで思い詰めていた方が来院。手術を受けたところ、「自分に自信が持てた、生きていることが楽しくなった」と喜んでいました。

私はこうした言葉を聞くと、本当にうれしくて美容外科医になってよかったとしみじみ思うのです。

海外で受けるほうが安い!?

一時期、「美容整形ツアー」と称して女性たちの間で韓国旅行が流行りました。整形大国の韓国では、日本よりも安価に、気軽に、プチ整形を受けることができるという理由からです。韓国は国策で規制を緩めて、タレントを使って整形ビジネスを推し進めている、とも言われています。

しかし、韓国では美容整形は分業制。カウンセラー、目のドクター、鼻のドクターとそれぞれバラバラです。だから、同じような顔になってしまうのです。

日本のセンスに近いのは、中国だと思っています。

しかし、日本のレベルに叶う技術、センスを持ったドクターはまだまだ少ない。私の技術を求めている人が、中国を中心にたくさんいます。

今後、美容外科医は、日本でパイの奪い合いをするのではなく、アジアに向かっていくでしょう。

私も中国と技術提携し、若手ドクターに指導しています。

第四章

男性美容事情

※「日刊ゲンダイ」に掲載された「最新美容整形事情」を収録しています。

男性がハマる脱毛治療

男性の整形や美容医療への関心は高まっています。といっても、メインは十代から三十代まで。四十代、五十代で美容医療に関心のある男性はいわゆるセレブ中心です。

男性が整形に踏み出すパターンは大きく分けると二つ。一つは一重まぶたや大きすぎる鼻などへのコンプレックスから。そしてもう一つは美を追求したいという意識からです。

どちらのパターンにも共通して多いのが脱毛です。そして多くの方が一回脱毛を経験するとハマってしまう傾向があります。多くはヒゲ脱毛や胸毛など上半身の脱毛から入ります。脱毛に抱くイメージは「痛い」なのですが、まずは痛くないことに大変驚かれます。当院では最新の医療レーザー脱毛器「メディオスター・ネクストプロ」を使用。痛みが弱く比較的安価なので「これなら」と思われるようです。

ヒゲ脱毛を終えるや、肩や背中、それにヘソ周りの〝ギャラン〟も脱毛したいと思うようになり、さらに脇の下、スネ毛、最後は男性器周りもという方が多いのです。驚いてはいけません。海外では今、毛が生えているのは不潔という考えが主流になりつつあります。欧米ではオリンピック級のアスリートの大半は脱毛しているくらい。「できる男は脱毛している」という流れになるのではないかと思っています。

妻をキレイにしてほしい!

美容整形や美容皮膚科に来院するのは若い女性だけではありません。アンチエイジングを目的にしている五十代女性も非常に増えていて、バラエティーに富んでいます。たとえば、最新の成長因子入りのピーリングや、眼尻のシワを取るシワボトックス注射、ほうれい線が気になる人にはシワヒアルロン酸注射、たるみが気になる人のためのフェイスアップレザーなど、体にメスを入れない施術をお勧めしています。

最近の傾向はご主人を伴ってご来院する女性が増えていること。昔なら「女房にそんなカネをかけられない！」という方が多かったのですが、最近では「妻をキレイにしてほしい」と考える男性が増えているんです。もちろんお金に余裕がある方がほとんどですが、見た目でも老けた感じを与えたくないと考えるご夫婦は確実に増えています。

年配の女性が一人で来院し、最終的に「主人と相談します」ということになると、ほとんどの場合は施術を取りやめる方が多かったのですが、ご主人と一緒に来院すると仮に費用が高価になっても、ご主人が「いいじゃないか。キミにはキレイでいてほしい」とおっしゃることが多いです。

五十代女性で美魔女と言われるような若さを保ってらっしゃる女性の多くは、二十代のころに二重にする手術をしたような美容に積極的な方が多いです。早めに対処すれば長く若さを保つことができるので、相談だけでもいらしていただきたいと思っています。

「整形美人」を特別視するのは時代遅れ

メディアの情報を見ていると、きれいになったタレントや老けない女優さんについて、「整形疑惑」なんて話が書かれています。私はこういう視点はもう時代遅れだと思います。なぜなら、メディアが考えているより圧倒的多数の女性が広い意味での美容整形をしているからです。

個人的体験ですが、取引先の接待で二日連続でキャバクラに行ったら二日とも私が施術した女性が現れてビックリ。それくらい今は一般的になっています。「整形」という言葉はマイナスイメージがありますが、「美容」といえばポジティブ。男性読者の場合、キャバクラのようなお店に行くことも多いはずで、昔と比べてきれいな女性が多くなったと思いませんか。多くは「美容」医療のお世話になっているのではないかと思います。技術が進化しているので、手術をしていてもメークをすればほとんどわからない。

当院で勧めているのがパーフェクト小顔術の注射です。これはエラの筋肉にボトックス注射するものですが、女性が憧れる〝小顔〟は思いのほか簡単に実現できます。

男性は「騙された」などと思わず、むしろ「最近キレイになったね」とほめてあげることをお勧めします、その方がモテますし（笑い）。

「浮気」と「美容整形」は似ています

世間では政治家やタレントの不倫疑惑で大騒ぎしています。なぜ騒ぐのかといえば、不倫は本来「秘め事」であり、人様に知られないようにするものです。道ならぬ恋でも愛してしまったものは仕方がありませんが、表沙汰になると多くの人が不幸になってしまう。

私は美容も「秘め事」の要素があると思っています。美というのは究極の自己満足ですから、きれいになりたいのであれば、整形してもいいと思います。しかし、これが秘め事でなくなると「な〜んだ」と言われることが多いのです。

浮気についてよく議論になるのは、どこまでが浮気じゃなくて、どこからが浮気かという問題。

つまり手をつなぐ程度なら浮気じゃないが、食事をしたら浮気だとか、キスまでならなんとか許せるが、セックスをしたら絶対アウトだとか、さまざまな意見があります。これも美容整形と非常によく似ているのです。

アイプチで二重にするのは化粧と同じなので整形ではないが、二重の手術は浮気の程度でいえば手を握り合うレベルではないか。レーザー脱毛だと食事をしたレベルで、鼻を高くするのはキスレベル、しかし、豊胸手術は絶対アウトというような感覚です。整形と美容の境目と、浮気かそうじゃないかの境目はよく似ているでしょ。

そして、浮気の境界が時代とともに変わっていくように、美容整形の境界も変わってくると思います。

トラブルを防ぐ美容整形医選び

雑誌や電車にたくさんの脱毛エステや脱毛医療の広告があります。それらの多くは激安です。

しかし、中には悪質なものもあり、数多くのトラブルが毎年のように起こっています。

そのやり方には共通点があります。最初の数回を過ぎるとだんだん予約がとれなくなってくるのです。そしてお客様はサービスを受けられないまま、サービス期間が満了してしまうというのがパターンです。非常に無責任だと思います。

当院では必ず事前に念入りなカウンセリングを行います。時間をかけてしっかりコミュニケーションをとって、最適な処置を提案する。それが美容整形医としての責任だと思っています。

たとえば、過去に「二重にしたい」と来院するお客様がいました。悪いクリニックなら、おそらく右から左に二重にする施術をするでしょう。しかし、当院ではカウンセリングを通じて患者様が「本当は可愛くなりたいだけで二重じゃなくてもいい」と考えていることがわかりました。結局お客様は最終的には小顔注射を選択して、大変満足して帰られました。

カウンセリングは時間もかかりますが、お客様とのトラブルを防ぐためには欠かせません。すぐ施術するのではなく、患者の話を聞いてくれるクリニックかどうかが美容外科選びの大事なポイント。当院では電話とネットを使って二十四時間、三六五日、無料で相談を受け付けています。

第五章

美容外科
ビフォーアフター集

岡崎院の待合室

二重の悩み

美容整形で最も多い施術はなんでしょうか？

そう正解です。

答えは二重《ふたえ》の手術です。

ほとんどの方が正解したように二重の施術は一般的にもなってますし、若い一重の子がほぼ皆がやってるアイテープやメザイクなどの延長上に二重の手術があるのも現実です。

そんな二重の手術、受けたいと思ってる方はたくさんいるのに実際に受けない人も多いはず。

ではなぜ受けないのか？

いくつか理由があるからです。

⑴必要性がないから

アイテープやメザイクで二重になってるから今は必要性を感じないから。

⑵痛そうで怖い

手術とかした事ないいし、注射とか痛いし考えただけで無理。

⑶ダウンタイムとか休みが取れない。

休みは取れても二日くらいなので腫れとかで仕事が休めない。手術した事を周りにバレたくない。

⑷お金がない

美容整形の手術は何十万もするからそんなお金に余裕がない。

⑸失敗するのが怖い

失敗して失明したり、変な顔になるのが怖い。

以上ように大きな理由としては、この五つの理由が挙げられます。

(1)『必要性がないから』について

アイテープやメザイクは非常に気軽に使えるので、試しに二重を作ってみるには良いかもしれません。

ただ長期に複数回使うとなるとそれなりの問題を起こします。

①意外に時間が掛かる

自分の思ったように決まれば良いのですがそうでない時のやり直しなど時間が掛かるし、面倒です。

②お金が掛かる

やはり毎日の事なので一回の金額が少額でも何年とやっていれば、何十万円という金額になる事もあります。

③他人にバレる

目を閉じればバレますし、旅行先で友達や彼氏にスッピンを見られるという恐怖があります。

④自然で綺麗なメイクができない。

当たり前ですがアイメイクがどうしても不自然になります。

ここまでは問題というよりかはマイナス面ですね。ではこれからが本題です。

⑤瞬きの回数が減るので眼病に成りやすい。

これに最近の若い方はカラコンやディファインなどの異物を目の中に入れることが多いのでいろいろな眼病にかかりやすいです。

⑥何度も皮膚がかぶれ、瞼の皮膚が肥厚する

この皮膚の肥厚によりアイテープでラインができづらくも成り、取り返しの付かない厚ぼったい瞼になってしまうこともあります。

この⑤⑥の状態が酷くなればアイテープやメザイクができなくなる事は当然ですし、視力にも影響が出ます。

また酷くなった状態では二重の手術すら厳しいこともあるので早めのアイテープやメザイクの卒業をお勧めします。

二重の手術は『必要性がない』と考えていた貴女、どうですか？

単純に考えて健康な瞼の皮膚にずっとテープやノリを付けているわけなので、何か問題を起こすのは当然。

ただ一度やって可愛くなるのを見ると、止められないのも女のさが。

なので、アイテープやメザイクをやってる方で、二重の手術を考えている方は、まずは東京ヒルズクリニックで診察を受けていただくことをお勧めします。

(2)『痛そうで怖い』について

誰でも注射とか痛いことはしたくないものです。ただ二重の手術の時の注射はあくまでも麻酔の注射です。

注射した後の手術中の痛みはありませんし、引っ張られる感覚のみです。

麻酔の注射のもうひとつの目的は腫れを少なくすることです。

これは麻酔の中にエピネフリンという薬剤が入っており、これが血管を収縮させ、出血を抑え、腫れを少なくしてくれます。

あと当院で二重の麻酔の時に使ってる針は、皆様がよくインフルエンザの注射で打たれる針より全然細いので、痛みはかなり軽減されてると思われます。

この麻酔の注射の時間もほんの何秒の話なので、数年、二重のことで悩んでいた方なら、数秒の注射ぐらい我慢できるはずです。

実際は受けられた患者様のほとんどが『意外に大丈夫だった』と言っていただけているので、あまり怖がらずにまずはご相談にいらして下さい。

(3)『ダウンタイムとか休みが取れない。』について

正直な話、二重の手術をすれば少なからず腫れはあると思います。

二重の手術で腫れる要素というのは三つほどあります。

①麻酔の注射による腫れ
②糸で組織を拘縮させることによる腫れ
③内出血による腫れ

これらの要素を全てゼロにする事は不可能ですが少なくする事は可能です。

東京ヒルズクリニックにおいては、この腫れの要素もなるべく少なくするように考慮した【エクストラ法】という方法もご用意しております。

あと当院では翌日よりメイクも可能なので、大半の方はメイクでごまかしてお仕事されているのが現実です。

実際、お仕事されている方で一週間休みが取れる方などは少ないですし、一週間休みがあったとしても、術後二日目も一週間目も、腫れに対する見た目はそんなには変わりません。

(4)『お金がない』について

実際のところ、本当にお金が無くて二重の手術が受けられない方もいらっしゃると思います。

ただ人のお金に対する価値観はそれぞれだと思いますが、少なからずこの著書を読んでいる方なら、美容に関する価値観は高いと思います。

例えば美容院代、化粧品代を今までトータルでどれぐらい使ってきたか、考えてみて下さい。

仮にそれぞれを月に一万円と考えてみると、年間二十四万円ほど。

五年ほどで、一二〇万円、十年間でざっと二四〇万円です。

残念ですがこの美容代は、これからもずっと増え続ける金額です。

では二重の手術に関してはどうでしょうか？

患者様のニーズや病院によって値段は異なりますが、数万円～数十万円の間で手術は受けられます。

一度の手術で綺麗な二重になり、一生大丈夫であれば、決して高い買い物でないと思います。

特に東京ヒルズクリニックでは、片目一点止め8、800円といったリーズナブルな手術も取り揃えてありますし、一括の支払いでは厳しい方には医療ローンを使ったお支払いも可能です。

お金も非常に重要ですが、二重で悩んでいる方にとって『二重になる』『綺麗になる』という価値はお金の数字では表せない価値があると思います。

クリニックにご自身の美容に対する悩みを解消するためにいらしたのに、逆にお金のことで悩んでしまう方もいます。

当院では、患者様がそのようなことで悩みを持たないように、支払いの面でもスタッフが丁寧親切にアドバイスさせていただきますので、ご安心下さい。

(5)『失敗するのが怖い』について

まずは二重の手術で失敗とは、どのようなことが失敗かと考えてみると、大きく分けて三つほどに分けられます。

①自分が思っていた二重になっていない。

これは事前のカウンセリングが重要です。素人だからといって全てドクターに任せるのでなく、自分の意見をハッキリ伝える事が重要です。診察、カウンセリングをカウンセラーしか行わないクリニックは要注意です。

②客観的に誰が見ても違和感のある二重

この違和感のある二重に関しては患者様の希望のケースも十分あります。ただドクターの技術が未熟なために起こることもしばしばあります。

新人ドクターの練習台にならないよう、特に大手美容外科で受ける時はご確認を。

③埋没法の糸が出てきたり、切開法での傷が汚いなど

これは体質的なものもありますが、ほとんどがドクターの技術的な問題によるものと考えます。

昨日まで内科の先生が、今日からいきなり美容外科医ですという先生もいらっしゃいます。

ドクターの経歴や症例写真なども重要です。はっきりいって手術に関して一〇〇％リスクがないという事はありえません。

ただそのリスクを最小限に抑えることは可能です。

そのためには

①しっかりした事前の医師による診察とカウンセリング。
②オペレータードクターが経験とセンスを持ち合わせていること。
③オペレータードクターが二重にする確固たる技術と何かあってもリカバーできる技術を持ち合わせていること。

などが必要です。

簡単なのは、東京ヒルズクリニックで手術を受けられることが、失敗しない一番の近道だと思います。今回、二重にしたい…がいろいろな理由で受けられなかった方も、かなり解消されたと思います。

考え方ひとつで綺麗な二重をゲットできるので、いくつかの点に注意しながら手術を受けられることをお勧めします。

●今回ご紹介した施術のご料金

埋没法（スタンダード）一点　8、800円
目の上の脂肪取り（一ヶ所）　48、000円
ミリカット法（一ヶ所）　18、000円

施術直後でも腫れの少ない二重術

先日、来院された患者様は「まぶたが重たくアイテープもできないような状態です」と相談にいらっしゃいました。

話を聞いてみますと、「アイテープをするとかぶれてしまうしお子さんができてからは、時間もなく二重にすることもできない」とおっしゃっておりました。

また周りにもバレたくないし、腫れの少ないものが良いとのご希望でした。

カウセリングの結果、まぶたの重さの原因は脂肪でしたのでまぶたの脂肪取りをし、そしてアイテープのやりすぎでまぶたにしわができてしまったのでミリカット法が必要と判断しました。

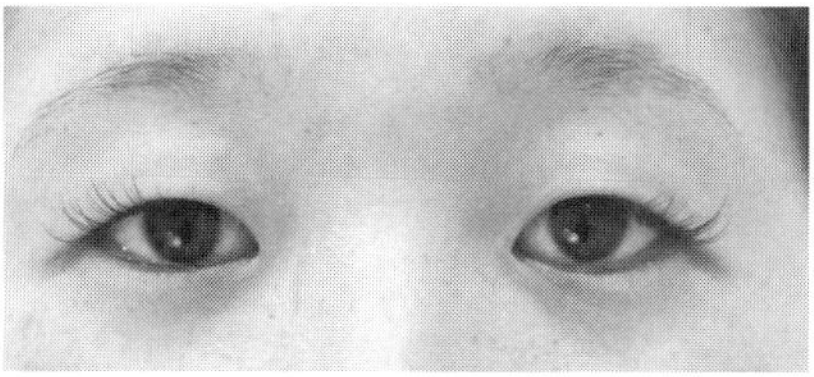

施術前

患者様は腫れも気にしていたので今回はエクストラ法で施術させていただきました。

結果はこちら。

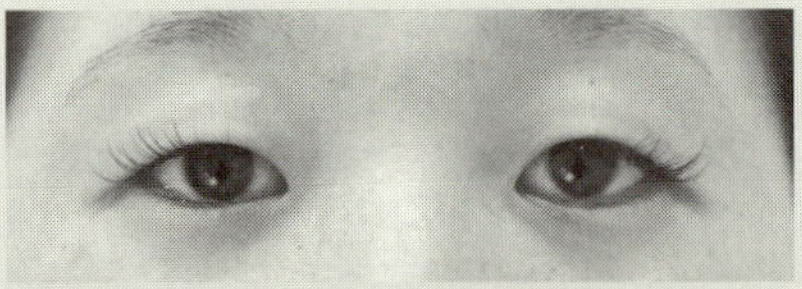
施術前

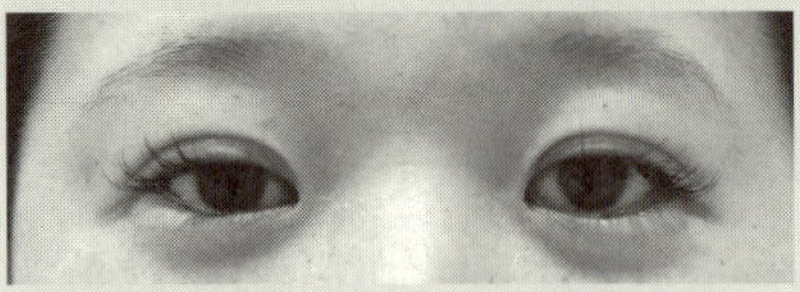
施術直後

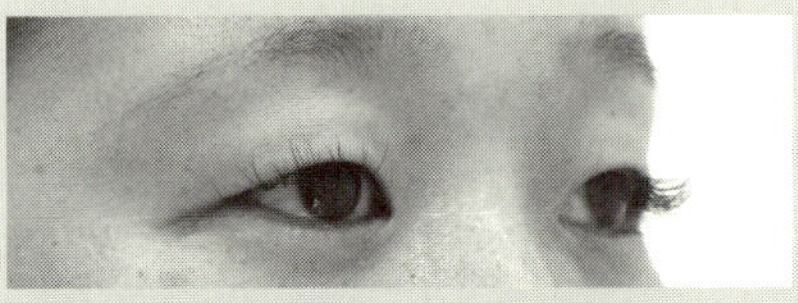
施術前

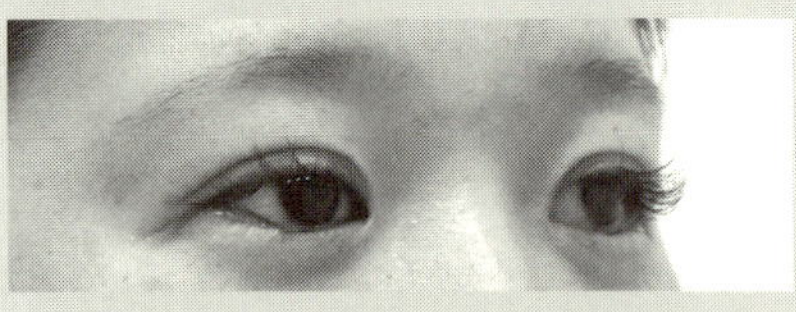
施術直後

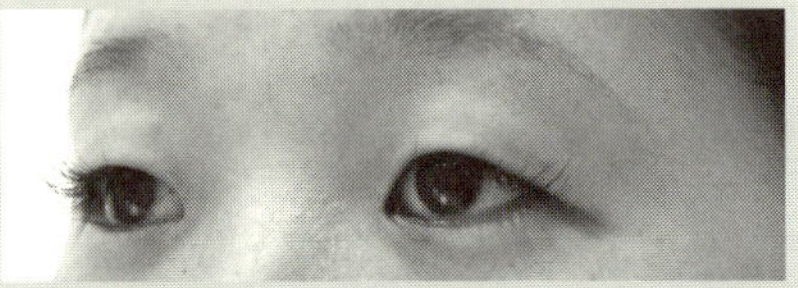
施術前

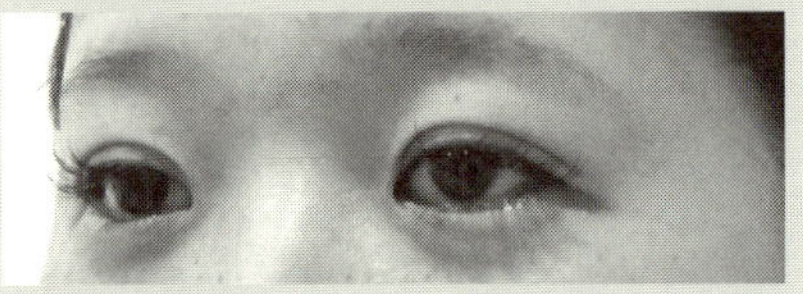
施術直後

施術直後でも腫れが少なく、綺麗に仕上がっているのがわかりますね。

患者様も大変喜んでおりました。
この施術詳細は

・二重埋没法（エクストラ法）三ヶ所
・脂肪取り
・ミリカット法

腫れが少ないので、翌日メイクもできます。

●今回ご紹介した施術のご料金
埋没法（エクストラ）一点　２８、０００円
目の上の脂肪取り（一ヶ所）　４８、０００円
ミリカット法（一ヶ所）　１８、０００円

目頭切開をすれば目が必ず大きくなる？

目が小さくてお悩みの患者様がたくさんいる中、目頭切開をすれば必ず目が大きくなると勘違いされている方が稀にいらっしゃいます。

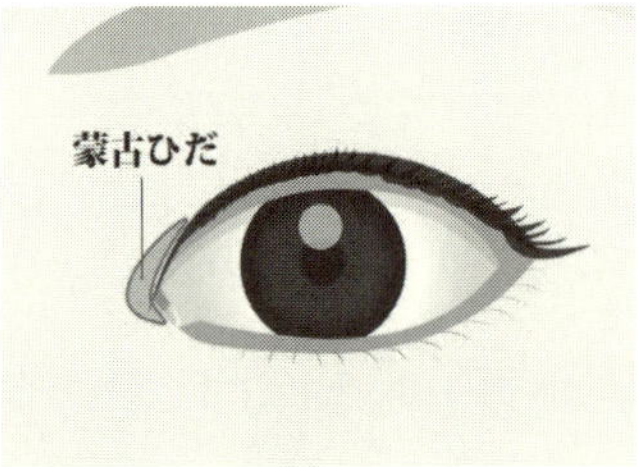

施術前

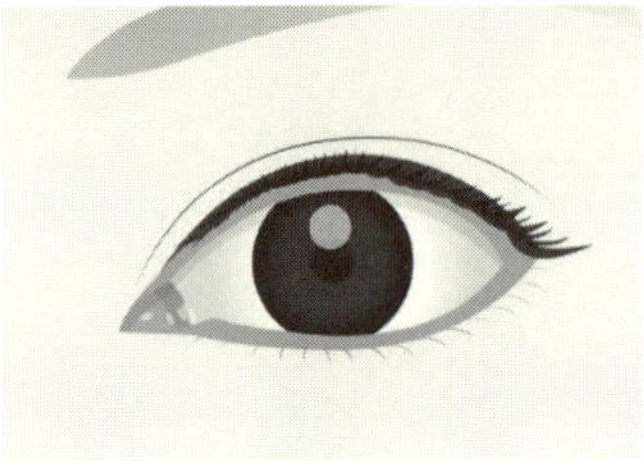

施術後

ではそもそも目頭切開とはどのような施術かまずはご説明させていただきます。

目頭切開とは東洋人特有の蒙古ひだという目の内側にある皮膚を切開して取り除く手術のことを指します。

この手術により目の横幅は広くなり、以前より目は大きく見え、目元のイメージもスッキリします。

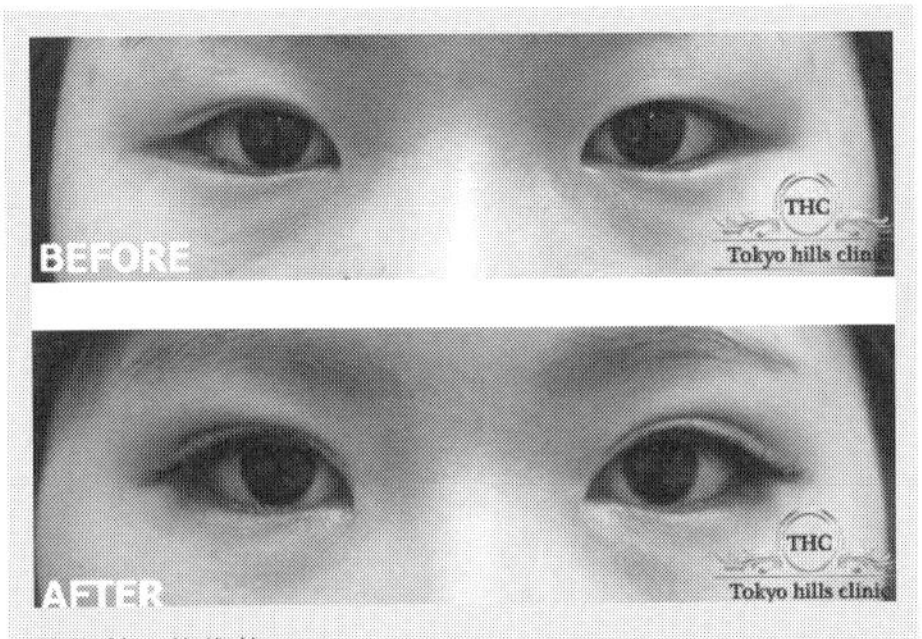

施術前→施術後

また平行型の二重などを希望される方にとっては蒙古ひだが邪魔なケースが多いので、二重術と同時に目頭切開を行い、平行型の二重を作られる方もいらっしゃいます。

ただ先も説明したようにあくまでも蒙古ひだが存在する方にとっては有効な手段であって逆に蒙古ひだの少ない方にとってはあまり効果的な手段ではないといえます。

ですので、まずはドクターの診察が一番重要で、ドクターは患者様の何が目を小さく見せている要因かをハッキリ診断し説明し、患者様自身はその内容を理解する必要があると思います。

●今回ご紹介した施術のご料金

目頭切開法（スタンダード）片目　48,000円
埋没法（スタンダード）1点　8,800円

二重まぶたの術式について――埋没法と切開法――

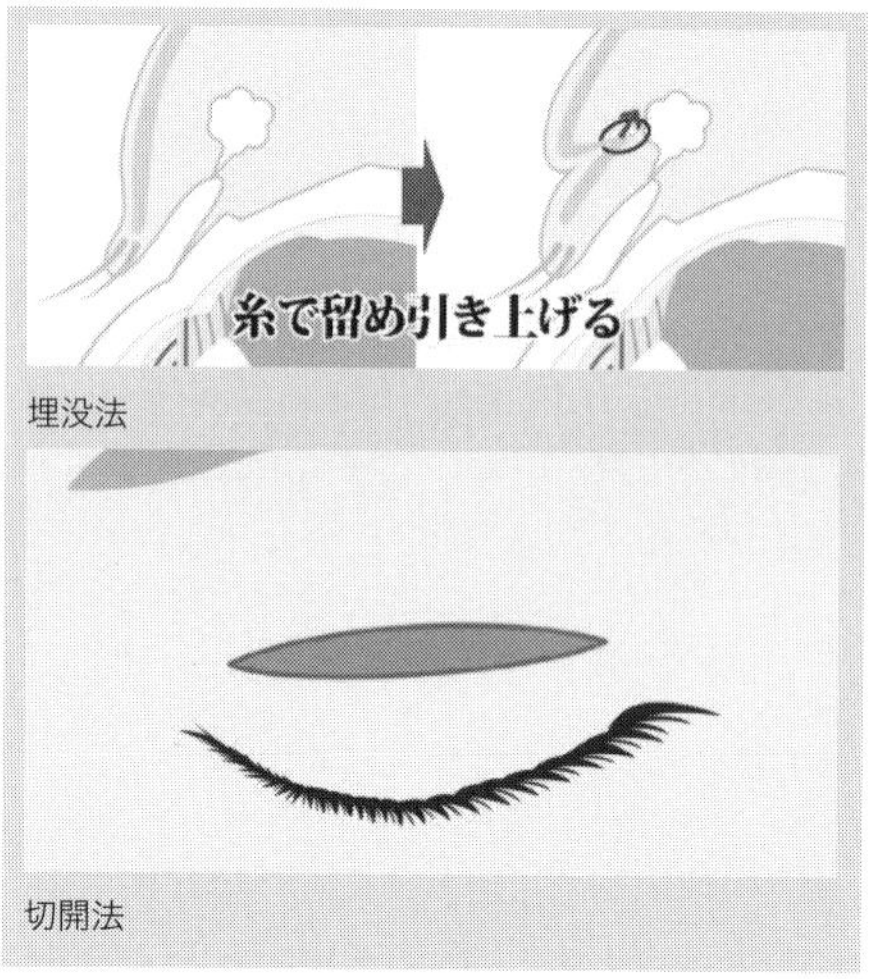

埋没法

切開法

二重まぶたを造る術式としては大きく分けて埋没法と切開法というものがございます。

(1)埋没法とは糸を使って二重のラインを癖付けさせる手法で『糸を皮膚の中に埋没させる』ということから埋没法という名前が使われているようです。

(2)切開法とは瞼を切開してその傷の瘢痕化を利用して二重を造る手法です。

最近では埋没法が主流になっているのが現状で、そのメリットを次頁の表でお伝えしますと、埋没法の方が断然メリットが多いのも納得できます。

	埋没法	切開法
通院	不要	必要
腫れ	少ない	有る
傷	残らない	残る
戻す	出来る	出来ない
ライン変更	出来る	出来ない
化粧	次の日から	9日後から

ではなぜ切開法が存在するのかは？

それは現実的に埋没法で何度手術しても元に戻ってしまう方がたくさんいらっしゃるからです。

しかし、私の経験から申しますと本当に稀に切開法の手術でなければ二重のラインが出せない方もいらっしゃいますが、ほとんどの方は一度の埋没法だけで綺麗な二重を作ることは可能です。

ただそれには『二重が元に戻る』要因が必ずあるのでその要因をしっかり診察し、取り除く適切な処置も同時に行う必要があります。

そのためにはドクターのしっかりした診察と患者様に対するカウンセリングは必要不可欠です。

●今回ご紹介した施術のご料金

埋没法（スタンダード）一点　８８、０００円

目の上の脂肪取り（一ヶ所）　４８、０００円

ミリカット法（一ヶ所）　１８、０００円

二重が元に戻る要因

よく二重を希望される患者様からカウンセリング中に『埋没法はすぐに取れてしまうんですよね？』と尋ねられることがあります。

結論から申しますと普通は簡単には取れることはございません。

ただ取れやすい方も中にはいらっしゃいます。

しかしこれを《体質》という言葉だけで片付けられてしまうと受ける患者様からすれば不安は募るばかりです。

この二重が元に戻る要因としては大きく二つほどあると考えられます。

(1)上眼瞼の脂肪が多いことで二重のラインが戻りやすい

⑵瞼の皮膚の状態により二重のラインができづらい

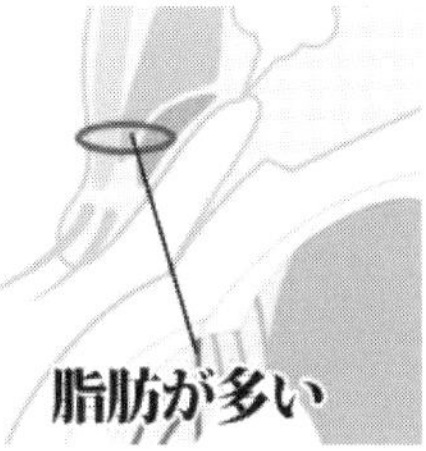

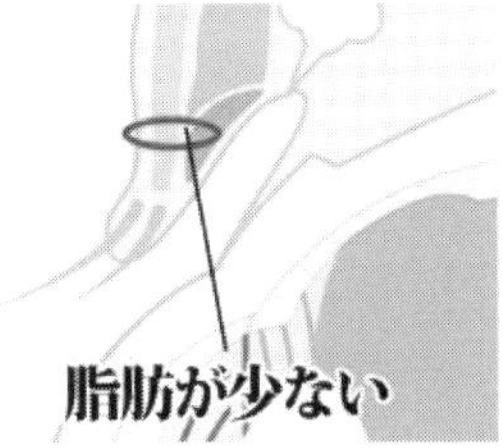

などがあります。

まず⑴に関して、埋没法は基本的に眼球を覆う瞼板という硬い組織に表皮に近い組織を糸で縛って近付ける作業です。

これにより開眼した際にできた引っ掛かりを使って二重のラインを形成するものです。

上の図でも分かるように上眼瞼の眼窩脂肪が多ければ、その引っ掛かりも段々と元に戻ってしまうのは想像できると思います。

なのでこのような眼窩脂肪の多い方などは、二重の手術を受ける際に一緒に眼窩脂肪も取り除く【脂肪取り】の手術も受けていただくと二重が元に戻る可能性は低くなります。

ただ上眼瞼の眼窩脂肪を小さな穴から取り出す技術はそんなに容易なものではございません。

傷が大きくなったり、出血が強く出たためにひどい腫れになったりとこれはドクターの技術によります。

また経験の浅いドクターでは挙筋を傷つけてしまい、目を開けることに障害を起したり、中にはそれを怖れて実際の手術で脂肪を取っていないケースも少なくありません。

眼窩脂肪を取る手術を受ける際はドクターの経験や症例などもチェックする必要があると思います。

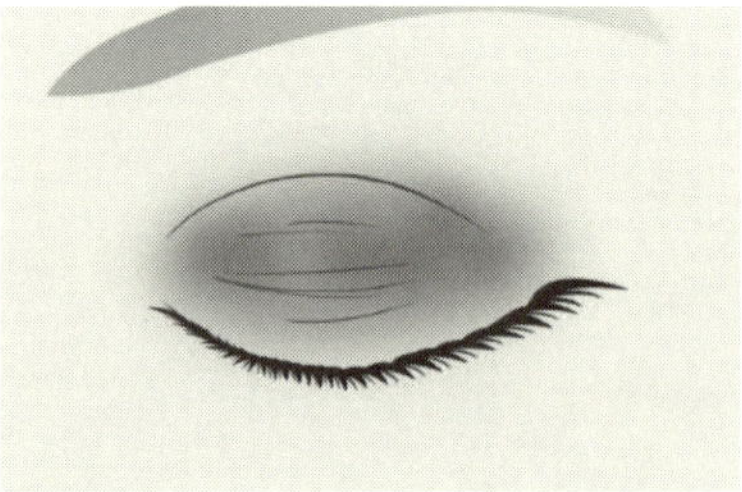

埋没法

⑵に関しては瞼の皮膚の乾燥や老化、あるいは肌荒れが原因で、すでにたくさんのシワができていたり、希望する二重のラインの周辺が硬縮しているなどのケースです。

あくまでも埋没法の場合は糸で皮膚の下から癖付けするだけなので表皮自体が硬くなっているなど問題があれば、一本の綺麗なラインが出ないのは想像できると思います。

このケースにおいて東京ヒルズクリニックでは、【ミリカット法】という技術を用いて表皮レベルから二重のラインを綺麗に造ることができます。

このケースの最も多い原因はアイプチやメザイクによる皮膚トラブルです。

本当にひどい状態の方では【ミリカット法】では対応できず、切開法をお勧めしなければならない場合もあるので、アイプチやメザイクで瞼に皮膚トラブルを抱えてる方は早急に中止して手術を受けていただくのをお勧めします。

ミリカット法

目の左右差

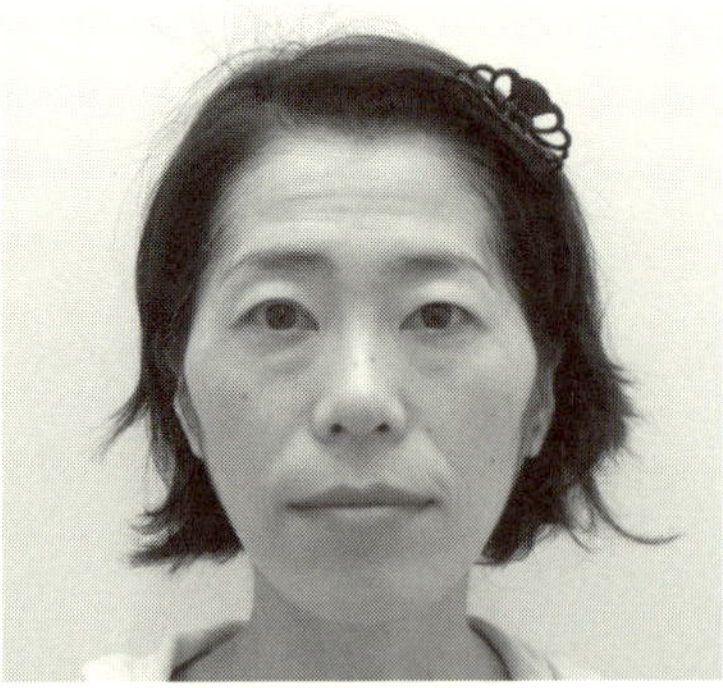

写真１

目の相談で両目の左右差を気にしてご来院される方はたくさんいらっしゃいます。

単純に二重の幅の違いや瞼の弛みに左右差があったりなどがよくありますが、意外に多いのは目の見開きに左右差があるパターンです。

見開きとは目の開く力に左右差があるということで、またそれに付随していくつかの弊害を起こし左右差を強くさせているパターンもあります。

私の経験から日本人には右目の見開きが弱い方が多いと思います。

今回の症例の方でご説明させていただきます。

この方はまず気になるのは目の二重の左右差を感じると思います（写真1）。

ただこの方はしっかり診察すると実際の二重の幅の差はほとんど無く、目の見開きが左より右目の方が小さいのが原因です。


またそれをリカバリーするために普段から無意識のうちに右眉を上げて少しでも右目をスッキリ見せようとしていることが伺えます（写真2）。

それを物語っているのが、額の右側の深いシワです（写真3）。

左と比べても明らかに右側の方が深いです。

この様なことも事前にしっかり診察し、最終的な左右差の微調整はこちらで手術中に行います
そして結果がこちら（写真4）。

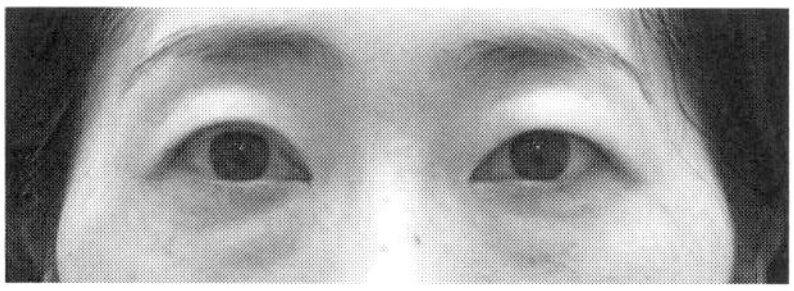

写真2

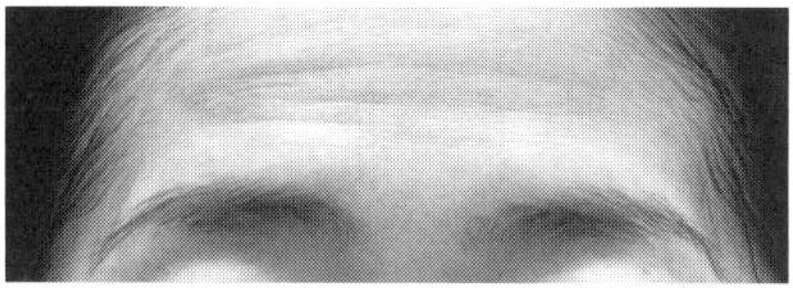

写真3

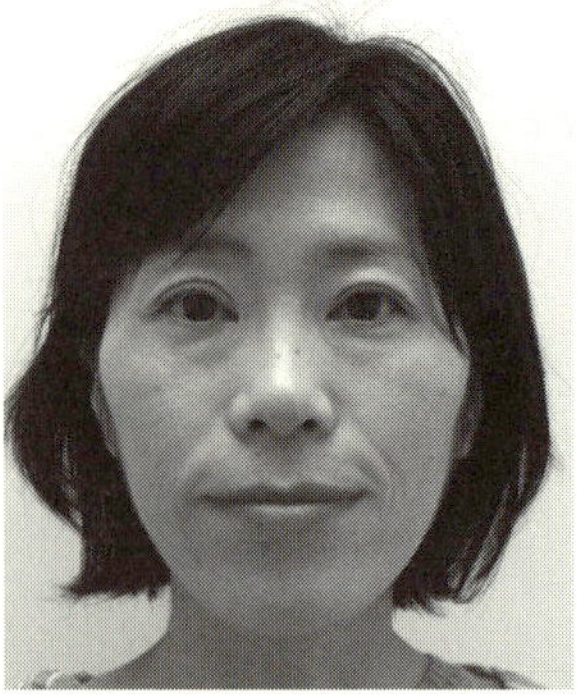

写真4

　左右差は多少あるように感じますが、右眉の上げる癖だけが治ればほぼ左右差はなくなりますし、希望があればボトックスで強制的に癖を止めることも可能です。

　またこの方はレーザートーニングと美肌トリートメントも受けていただいているのでお肌に透明感が出て来て、全体的に若返ったイメージもあります。

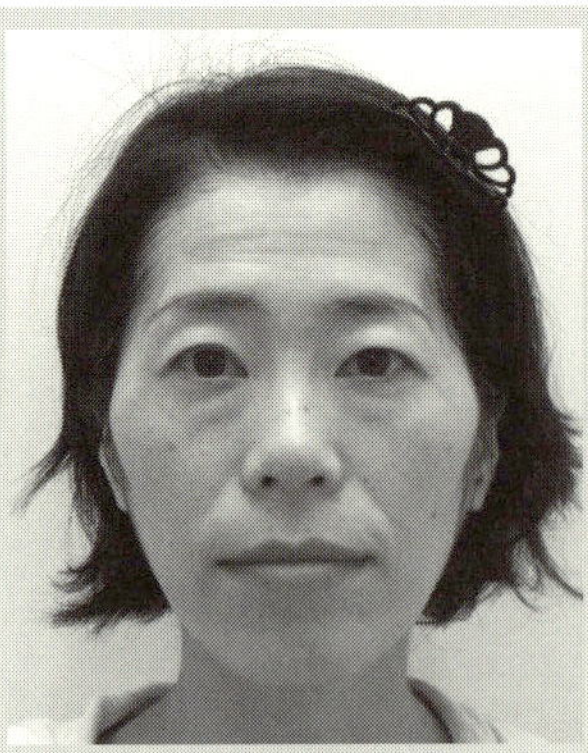

施術前

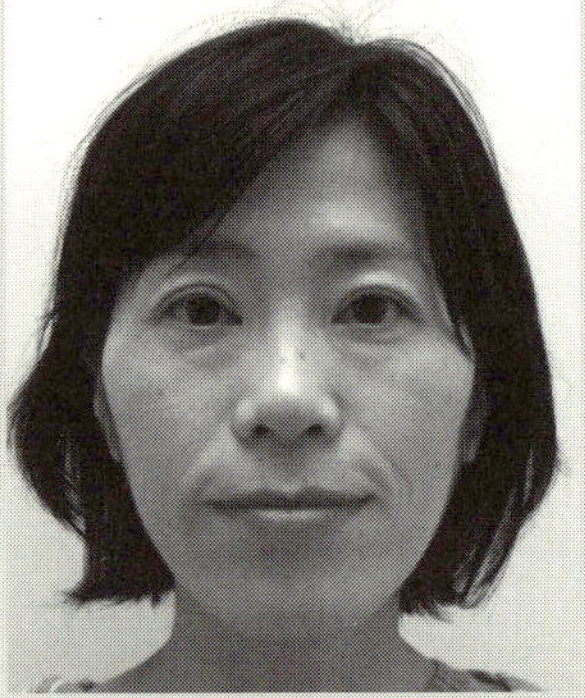

施術後

　美容医療の場合、このようにいろいろな問題点を診察であぶり出し適切な施術を行うことが重要であり、それには豊富な経験と技術とセンスが必要になります。

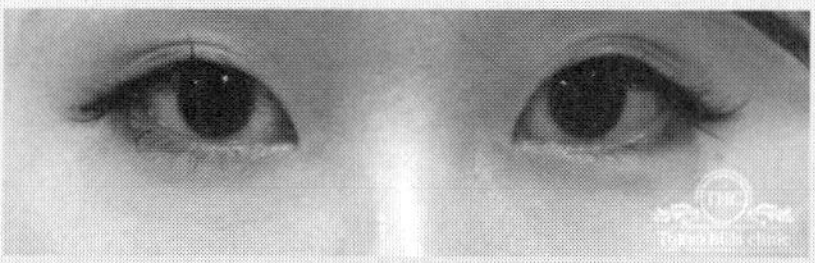

施術前

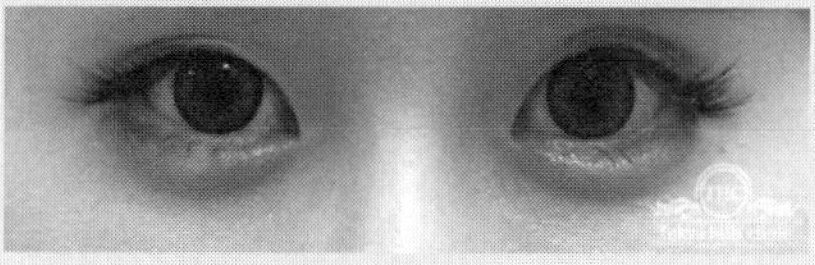

施術後

涙袋の注意点

最近の若い女性で涙袋を造ることを希望される方は非常に多いですが、処置としては単純に下眼瞼のまつ毛の生え際辺りにヒアルロン酸を注入して持ち上げる処置です。

一見、大した処置でないように感じられますが、顔に対して二つの大きな効果をもたらします。

(1)縦に目を大きく見せることができます

これは二重術とセットでやることでより目を大きく見せることは可能です。

上眼瞼を二重術で広げ、下眼瞼は涙袋で広げるという手法で目全体の面積を広げます。

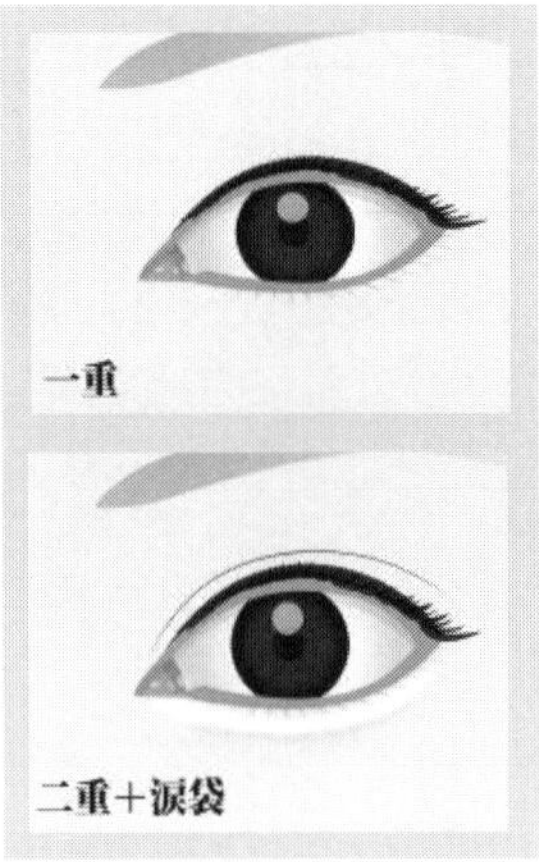

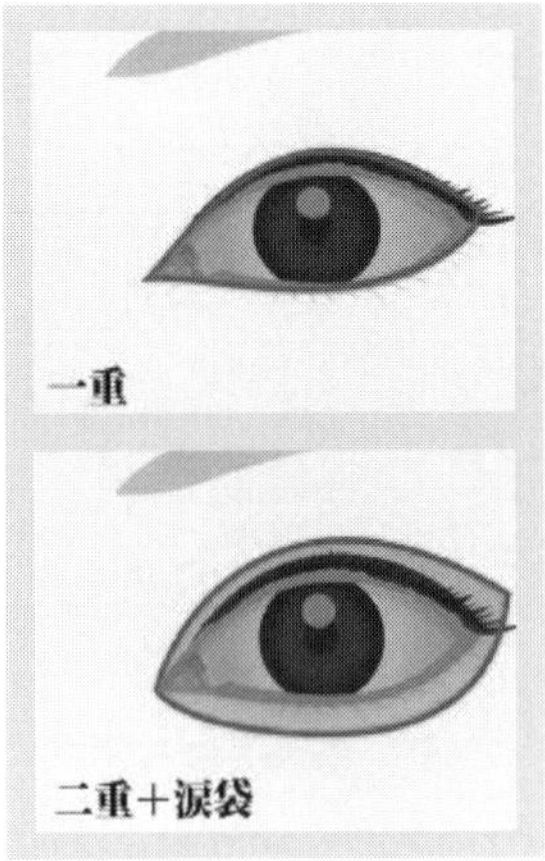

目全体の面積

⑵顔に立体感を出せます

これは鼻の隆鼻術とセットでやることでより顔に立体感が出せます。鼻根部から目の下に自然な影ができるので目鼻立ちがハッキリします。

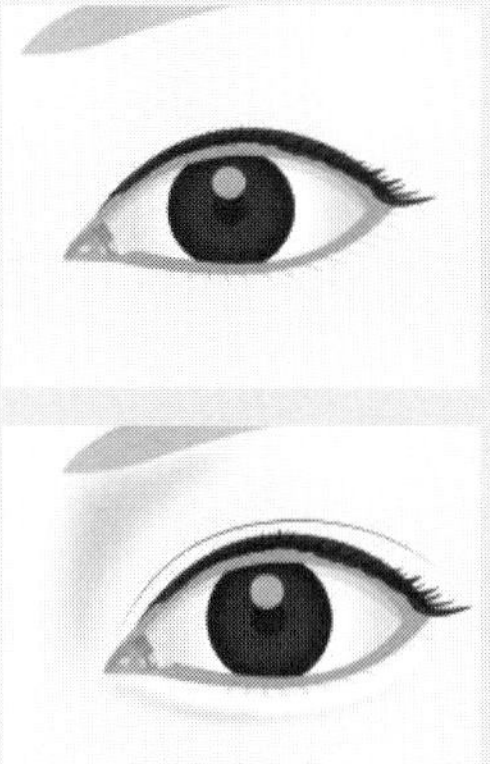

自然な影ができ、目鼻立ちがくっきり

この涙袋ヒアルロン酸注入法は手軽で数分で終わる簡単な処置なので《目を大きく見せたい方》や《立体感のあるお顔を希望される方》には非常にオススメできます。

ただ受けていただく時に一つだけ注意点があります。それはやり過ぎて不自然になる傾向があることです。

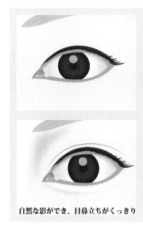

涙袋のヒアルロン酸注入は手軽な処置で可愛くなるので、『もっとやればもっと可愛くなる』や『馴染んでしまったので物足りない』などと勝手に思い込み、感覚が麻痺した状態で過度にリピートする傾向にあります。

涙袋のヒアルロン酸の再注入を行う時はドクターや周りの方の意見を聞きながらリピートしていただくことをオススメしたいです。

東京ヒルズクリニックではヒアルロン酸がなるべく持続される注入法で行うため、二、三回行えば十分何年も注入する必要が無くなる傾向にあります。

涙袋にご興味のある方は是非とも東京ヒルズクリニックにいらしていただき、可愛い目元をゲットしてみて下さい。

●今回ご紹介した施術のご料金

ヒアルロン酸涙袋形成（レスチレイン）片目　２８、０００円

鼻の施術ピックアップ

【鼻尖修正】

だんご鼻で昔から悩んでいる当院のスタッフに鼻尖修正を体験してもらいました！
10分程の糸を使った簡単な処置でだんご鼻を解消できます。腫れも少ないため、気軽にお受けいただけます。

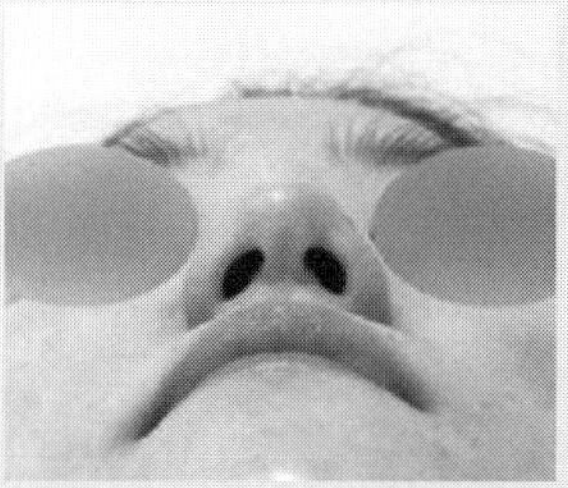

施術前

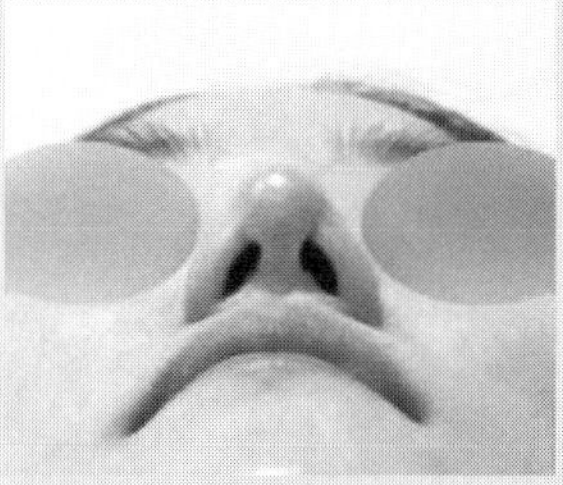

施術後

このように十数年悩んでいただんご鼻が数分の処置で解決するのは素晴らしい事かと思いますし、処置を受けた後に自分の顔を見た時の『凄い！！』は正直な言葉だと思います！

スタンダード法：１２０、０００円

【プロテーゼ隆鼻術】

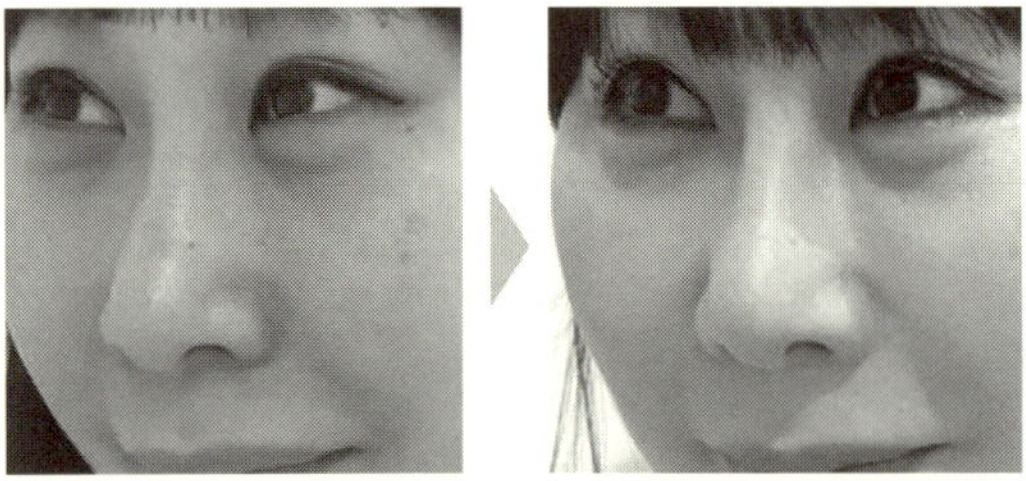

ものまね芸人として活躍されている黒豆田聖子さんがご来院されました。元々、自分の鼻の形がコンプレックスだっという彼女。最近はステージに立っても鳴かず飛ばず。その悩みを解決して自信を持ちたい！とのことでしたので、今回は鼻を中心に可愛くさせる施術を行わせていただきました！

鼻の高さをプロテーゼを入れることにより、自然な感じで高くし、非常に綺麗な鼻筋になりました。以前入れていたヒアルロン酸を溶かしてプロテーゼを入れ、鼻尖縮小も行っています。

その他に頬骨、アゴにヒアルロン酸を注入しています。目鼻立ちもくっきりして可愛らしくなりました。

黒豆田さんの鼻の型を取り、本人にぴったりのプロテーゼを作成しました。

ペチャ鼻の悩みが10分程の一度の手術で一生解放されます。鼻腔内からプロテーゼを挿入するので傷は分かりません。

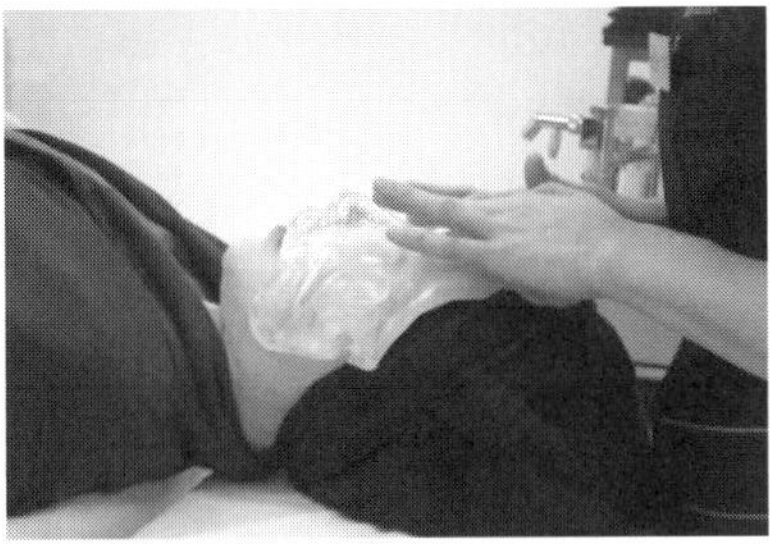

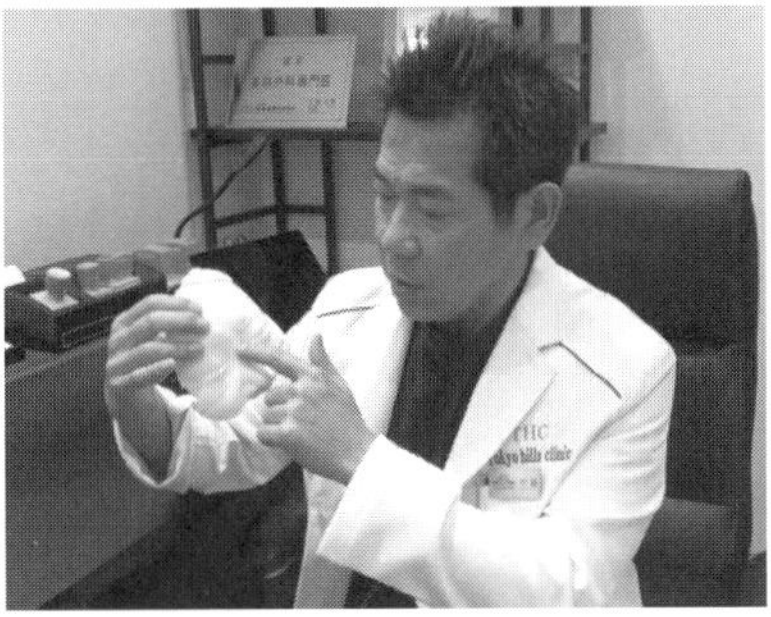

スタンダード法：88、000円

だんご鼻の攻略法

東洋人特有のだんご鼻で悩んでいる方は結構いらっしゃいますが、だんご鼻の原因は大きく二つの要素を持ち合わせています。

⑴鼻翼軟骨、あるいは外側鼻軟骨が広がっていること（図1）

⑵鼻翼軟骨と外側鼻軟骨との高さにギャップがあることにより鼻尖上部にできる凹みがあること（図2）

この2つを同時に治療することでだんご鼻の悩みから解消されます。

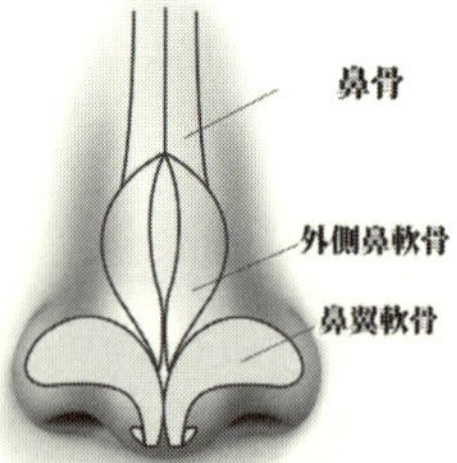

図1

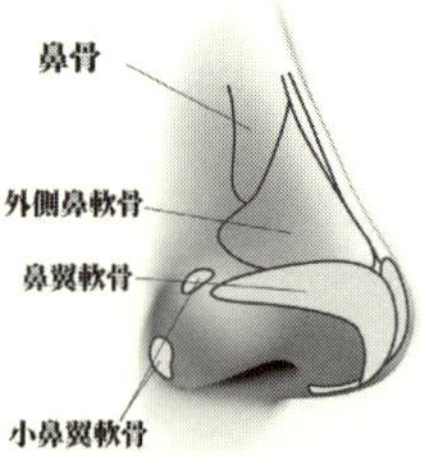

図2

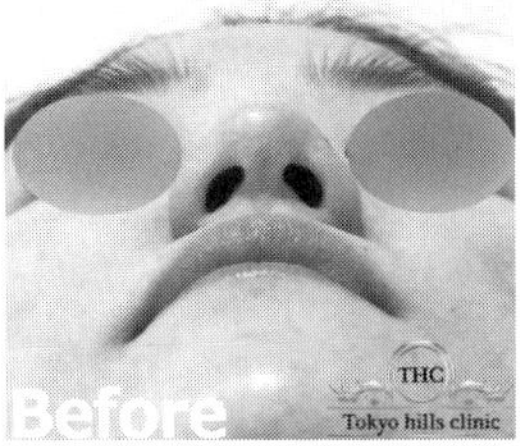

図３

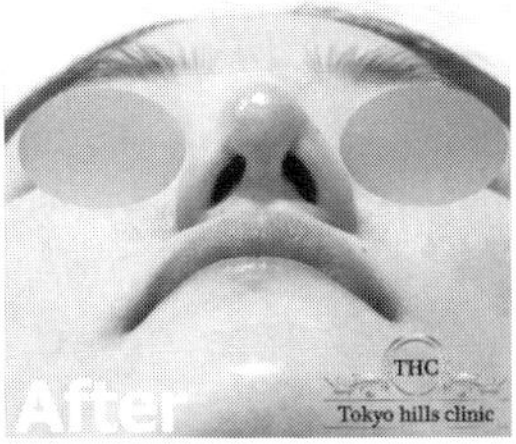

図４

「⑴鼻翼軟骨、あるいは外側鼻軟骨が広がっていること」に対する対応施術をモニター症例を基にご説明させていただきます。

鼻先が丸くて大きく見える団子鼻は、鼻先の中央の軟骨が広がっていることが原因です（図３）。

鼻尖縮小（だんご鼻修正）の手術は、左右に開いてしまった軟骨（鼻翼軟骨）を寄せることで、鼻先をシャープにして高くします。鼻の穴の中で縫い合わせるため、外から傷跡は見えず、仕上がりもとても自然になります（図４）。

施術時間十五分ほどで終わる、簡単な手術ですので、休みが取れない方や、ダウンタイムを気にしている方にもお受けいただけます。

だんご鼻の要素の二つ目である、「⑵鼻翼軟骨と外側鼻軟骨との高

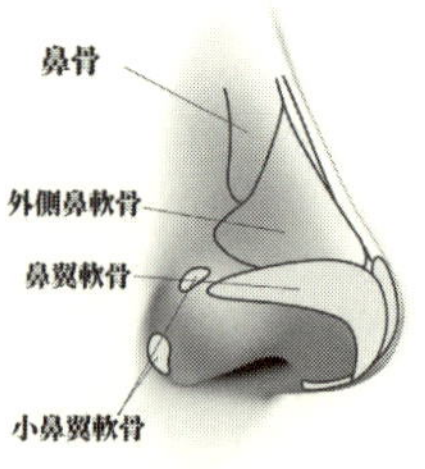

図５

図６

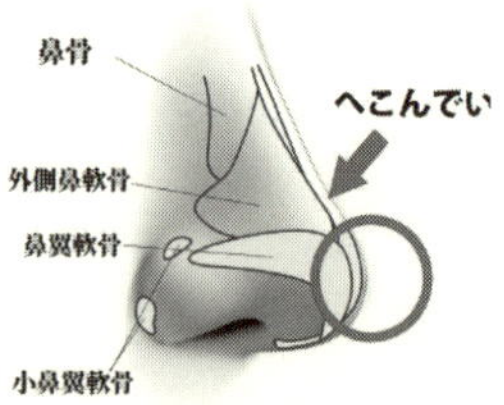

図７

さにギャップがあることにより鼻尖上部にできる凹みがあること」について解消法についてご説明させていただきます（図５）。

結局の所、いくら鼻尖を細くした所で鼻尖はとがってスッキリはしますが、だんご鼻は解消されないケースが良くあります。

分かりやすく説明しますとだんごとは丸いものであり、その丸いものが少し長丸になっても丸は丸のままでイメージとしてのだんご鼻は解消されないケースが多々あります（図６）。

そのために鼻尖の上部の凹みを解消することでよりだんご鼻を解消することができます（図７）。

前回の症例をもとにご説明いたします。

外側鼻軟骨の高さが低くなってへこんでいるため、今回はこの部分にヒアルロン酸を注入したいと思います。

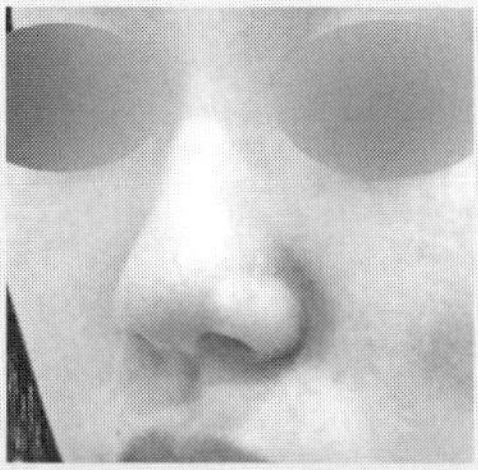
施術前

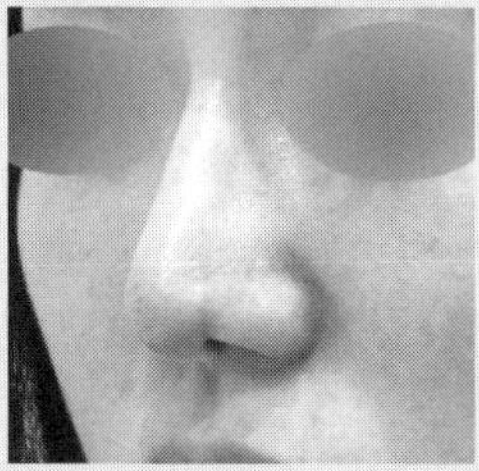
施術後

このように鼻尖と鼻筋の高さのバランスを整えることにより、鼻が低く、だんご鼻だったのが解消され綺麗な鼻筋を通すことが可能になります。

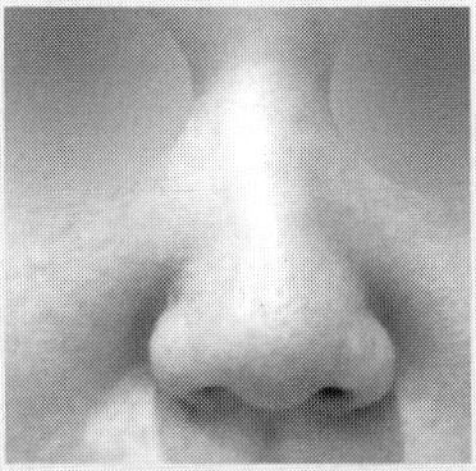
施術前

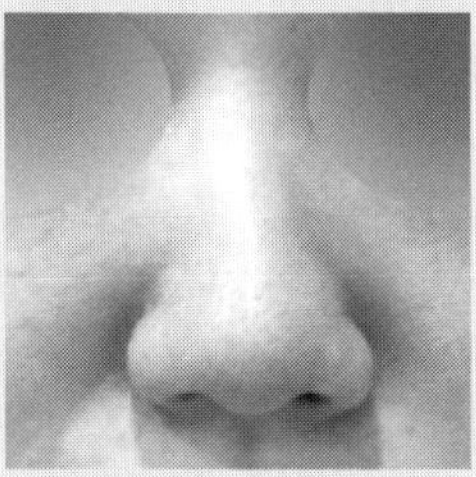
施術後

ヒアルロン酸を注入して高さを出しましたが、プロテーゼでも同じように高さを出すこともできます。患者様の鼻の形、ニーズにより一人ひとり違いますので、まずはご相談にいらして下さい。

鼻の施術はドクターのセンスや経験が問われるものです。当院では経験豊富なドクターが施術いたしますのでまずはお気軽にご相談ください。

●今回ご紹介した施術のご料金

鼻尖縮小（スタンダード）　１２０、０００円
鼻ヒアルロン酸（パーレイン）　２４、０００円

小鼻の悩み

患者様の鼻のご相談で意外に多いのが小鼻の悩みです。
具体的には、
『小鼻が大きいのが昔からの悩み』とか
『笑うと小鼻が広がって大きく見えるのが嫌だ』あるいは
『鼻の穴が大きいのがコンプレックス』など多岐に渡ります。

実際にこの小鼻の悩みの原因は大きく分けて二つあります。

⑴実質的に小鼻の部位が厚く、鼻自体にボリュームがあるタイプ（図1）

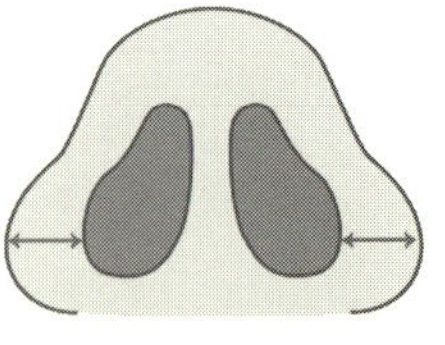

（図１）

（図２）

⑵鼻自体はそんな大きくないが小鼻の形が横に広がって鼻の穴も含めて形に問題があるタイプ（図2）

あと⑴⑵が混在しているタイプもあるので、まずはしっかりした診察を受けて自分が現在どのような状態なのかを認識する必要があります。

小鼻の手術で最も多いトラブルは『思っていた結果と違う』というものです。

小鼻の手術に関してはドクターの診察力や技術力が求められる施術にはなりますが、実際にできることとできないことがあります。

場合によっては患者様自身にリスクを伴うケースもあるので、患者様自身もしっかり施術の良し悪しを理解した上で手術に望まれるのをお勧めします。

東京ヒルズクリニックでの【小鼻縮小術】に関しては３種類のものをご用意させていただいております。

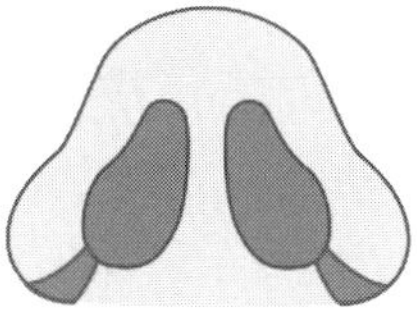
（図３）

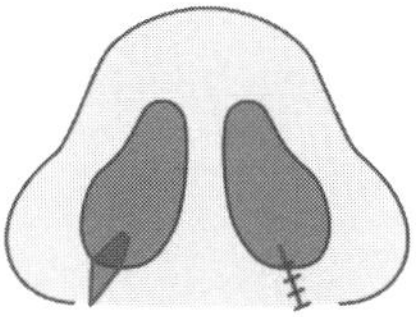
（図４）

⑴最もオーソドックスな外側切開法（図３）

これは小鼻を全体に切り落とす方法で効果も分かりやすいのですが、傷が残る問題と変化を大きく感じた時の修正や元に戻すことができないリスクはあります。

小鼻が肉厚であぐらをかいた鼻の方など適応になります。

⑵傷の目立たない内側切開法（図４）

小鼻の下縁の一部と鼻穴で作業するため、傷が目立ちません。

腫れも比較的少ないので切り除く手術ですがダウンタイムなど回復時間をあまり必要としません。

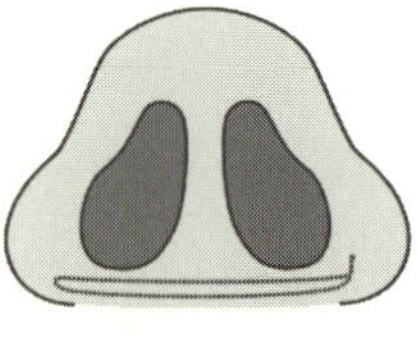
（図5）

⑶最新の特殊な糸を使ったエクストラ法（図5）

この方法は小鼻の外側を特殊な糸を使って寄せる方法で糸も埋没させてしまうので通院も不要です。

腫れもほとんどないため周りにもばれず、ダウンタイムも必要ないので気軽に受けられる手術としては非常にお勧めできます。

実際日本人の方の場合は小鼻のボリュームというより、形に問題があるケースが多いのでこちらのエクストラ法で対応できることが多いです。

ただ中には小鼻のボリュームが原因で効果の少ない場合もあるので事前の診察が重要と考えます。

先日いらっしゃった患者様は、昔から小鼻を気にされており小さくみせたいと悩んでいたそうです。

あまり大きい施術はしたくないし次の日は仕事なのでばれずに簡単にできるものを希望され

ました。

　診察した結果、小鼻のボリュームがあるタイプでないので鼻の形を変化させて小さくする特殊糸を使った『エクストラ法』で施術を行いまいた。

　施術時間は二十分ほどの簡単なもので腫れ、傷も少ないですし、ダウンタイムが必要ないのでおすすめの施術です。

　実際、施術が終わって見ていただいた時は少し動揺していたようで「はい…」で終わってしまいましたが、スタッフがお見送りをした際、「先ほどはぼーっとしていてわからなかったけど落ち着いて鏡で見たら、すごい変わってました！」と非常に満足していただけたようです。

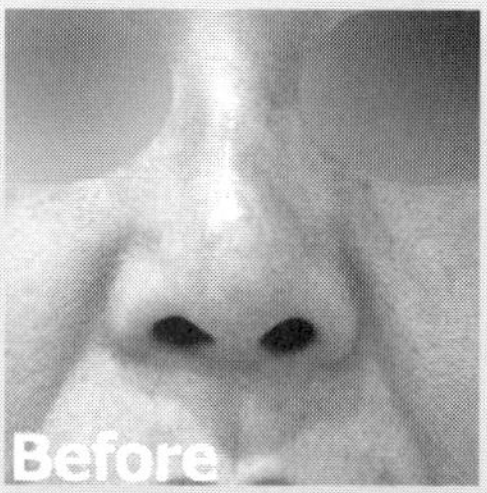

施術前

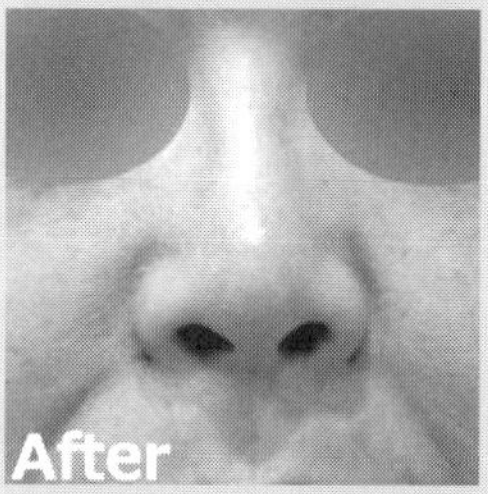

施術後

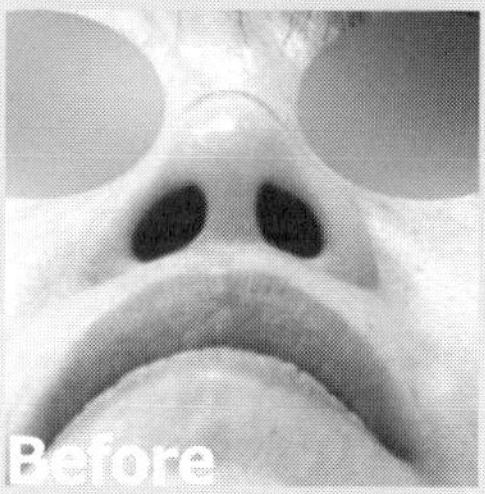

施術前

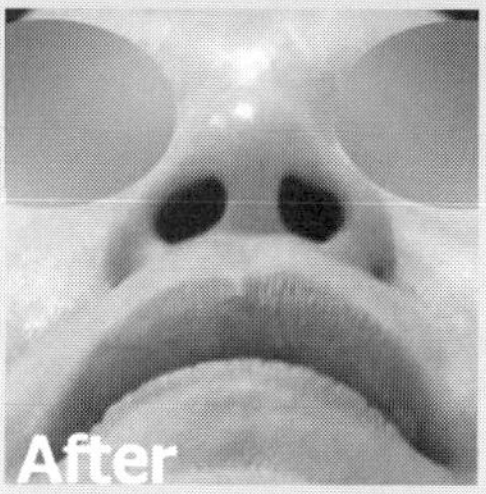

施術後

小鼻の縮小に関しては、いろいろな施術があり、その効果で変わってくるので、やはりドクターの診察が非常に重要となります。

●今回ご紹介した施術のご料金

小鼻縮小（外側切開法）　１２０、０００円
小鼻縮小（内側切開法）　２４０、０００円
小鼻縮小（特殊糸使用エクストラ法）　４２０、０００円

ヒアルロン酸隆鼻術の注意点

近年は鼻を高くすることはヒアルロン酸注入することでより手軽に受けることは可能になりました。

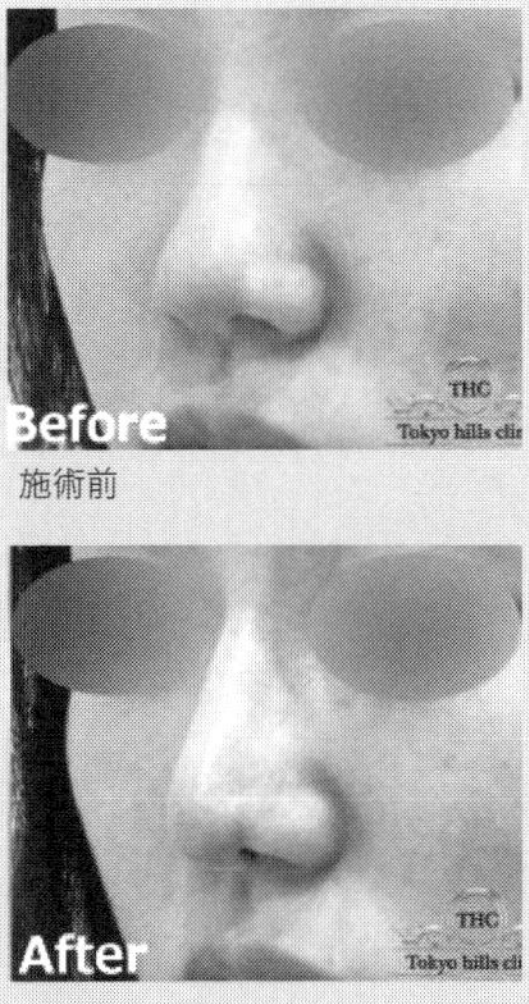

施術前
施術後

ヒアルロン酸は量で高さも調節できますし、溶かして元に戻すこともできます。

また腫れや痛みも少ないので周りの人にもばれずに本人も抵抗感が少ないため、非常にたくさんの方に受けていただいている人気の施術です。

ただこのヒアルロン酸隆鼻術を受ける際の重要な注意点が二つほどあります。

(1)ヒアルロン酸を何回も入れ過ぎで鼻根部の辺りが段々と太くなり、不自然な鼻になってしまうこと。

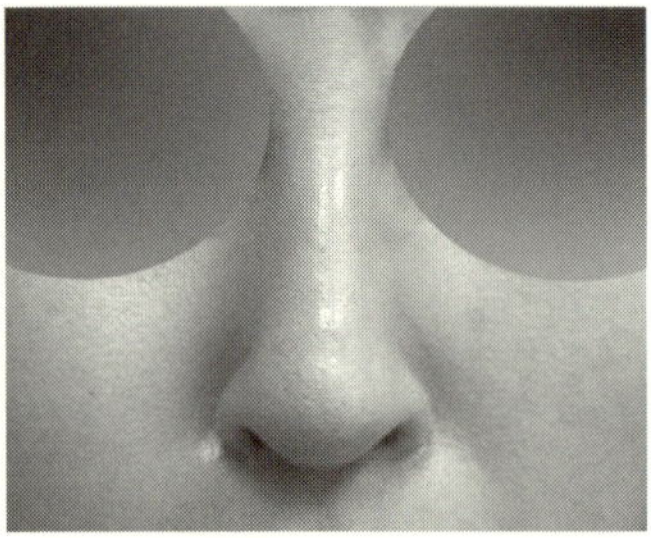

これは良くあるケースでヒアルロン酸隆鼻術を行う方には誰でも陥りやすい事例です。

一度のヒアルロン酸注入で簡単に鼻が高くなり可愛くなった自分を見てしまったためにもっと注入すればもっと可愛くなると思い込んでしまったり、あるいはまだヒアルロン酸が吸収されてないのにも関わらず、物足りなさを感じ再注入を希望するパターンなど多々あります。

これは麻薬のようなもので、いくら私が再注入を止めても他の美容クリニックで受けてしまうケースが多いので受けられる前からこのような知識を付けて自制することを心掛ける必要があると思います。

⑵ヒアルロン酸を注入した際に血管内にヒアルロン酸が入り、失明や顔の皮膚を壊死させてしまうこと。

これはごく稀におこるようですが（私は起こしたことはございません）、起きた時は非常に重篤な症状を引き起こします。

原因として一番はドクターの経験と知識不足が引き起こしていると考えられます。

中には何の知識も経験もないドクターがいきなり見様見真似で処置をすることがあるわけなので、それはトラブルを起こすのは当然のことであります。

大手の美容クリニックや専門外で美容医療を片手間でやっているクリニックに多いようなので処置して貰う時は必ずドクターの経歴などを聞くのをお勧めします。

またその他の原因としては顔に使ってはいけない安価なヒアルロン酸を顔に使っていたがために問題を起こしてるケースも存在するので、処置自体が安価過ぎるクリニックのドクターやスタッフの言動などが怪しいと感じた時は必ずどの様なヒアルロン酸を注入しているか確認した方が良いと思います。

東京ヒルズクリニックではこのようなリスクのある行為はしっかり回避されておりますので、安心してお鼻のヒアルロン酸隆鼻術を受けて頂くことができます。

●今回ご紹介した施術のご料金

鼻ヒアルロン酸（パーレイン）　２４、０００円
鼻ヒアルロン酸（ジュビダームプラス）　４２、０００円

フェイスアップレーザー

現在はいろいろなリフトアップの機器は世間にたくさん出回っております。

サーマクール、ウルセラ、タブロなど、『メスを使わずに引き上げる』などの広告を良くみます。

ただ素人からすればどの機器が良くてどんな違いがあるかは正直何も分かりませんし、ドクターですら専門で無ければ分からないのが正直な話です。

そんな方々の疑問に対して分かりやすく説明させていただきます。

はっきりいってしまえばリフトアップをうたっている機器に関しては全て原理は同じです。

皮膚の真皮層以下に熱エネルギーを与え、真皮層以下のコラーゲンの増加を促す仕組みです。

(中には筋層までとかうたっているものもありますが真偽はどうか?)

この熱の入れ方が高周波（ＲＦ）だったり、あるいは超音波（ＨＩＦＵ）だったりあるいは赤外線だったりとか、バイポーラで入れるかモノポーラで入れるかなどの違いだけです。

なので実際は上げるので無く、『重量に耐えて下がらなくさせる』といった考え方の方がしっくりきます。

この十何年、いろいろなリフトアップの機器を見てきた私が患者様の立場に立って物申すとなると、『どれも然程、効果の差はない割りに高い』が正直な意見です。

サーマクール、ウルセラ、タブロなどは一回照射でも、最低十万〜二十万円という高額な金額を平気で患者様からいただいています。

クリニック側の内情としてはこれらの機器は機器自体のコストもありますが、ランニングコストといって一人照射するごとに、数万円の消耗品が発生する仕組みになっており、クリニック側としては治療コストが高いのは当然だと考えます。

ただここに患者様からの立場とクリニック側の考え方にギャップがあります。

患者様は高い治療費だから高い効果を期待するのは当然。クリニック側は高いランニングコストがかかっているので高い治療費を請求するのも当然。

私としては昔からこの双方のギャップに矛盾を感じていました。

東京ヒルズクリニックではリフトアップの機器として、ＳＹＮＥＲＯＮ社のｅＰｌｕｓを導入しています。

ＳＹＮＥＲＯＮ社のｅＰｌｕｓを導入した理由は三つほどあります。

(1)効果に即効性がある。
(2)痛みが少ない
(3)ランニングコストが少ない

です。

(1)《即効性がある》に関しては私自身が唯一実感できた機器だからです。
サーマクールなどあらゆる機器を試したのですが即効性という面などでは弱く、『２〜３カ月程経つともっと効果が…』などといわれても患者様の立場からいえば『本当に？』が正直な意見だと思います。

(2)《痛みが少ない》に関しはこれも私自身が体験し、実感したことだからです。
他院の機器だと治療中に時折迫り来る痛みに緊張しながら処置を受けるのが普通です。

ただ当院のフェイスアップレーザーに関してはお顔全体に機器のヘッドが心地よい温かさを与え気持ち良いので患者様の中には、処置中寝てしまう方もしばしばいらっしゃるほどです。

(3)《ランニングコスト》が少ないことはその分患者様にコストを還元ができるということです。サーマクールなどは最低一回の処置で十〜二十万円程の費用が掛かりますが、東京ヒルズクリニックでは、初回一万二千円というリーズナブルな費用でお試しすることができます。

このように患者様の立場に立った目線で今回のＳＹＮＥＲＯＮ社のｅＰｌｕｓを導入したかが御理解できたと思います。

ただお顔の老化はご年齢の差や個人差などさまざまあります。

お顔のたるみの出方も個人差があるのは当然のことなので、今回東京ヒルズクリニックではオーダーメイド的に引き上げていく、フェイスアップレーザーＨＧもご用意しております。

これは異なる二つのヘッドをつかい、患者様のたるみやシワを状態によってさまざまなモードで熱エネルギーを加えていき、確実なフェイスアップ効果を引き出していくものです。

このようにお顔のたるみに関しても、最新の機器を導入にして皆様に喜ばれる治療をお勧めして参ります。

●今回ご紹介した施術のご料金

フェイスアップレーザー　初回　１２、０００円

美肌リフトアップとは

今回は美肌リフトアップをより詳しい内容でご紹介いたします。まず特徴として、

より気軽に＝侵襲性が最小限（切らずに細い針で一点からの挿入のみ）

より効果的に＝高い伸張性と強い固定力（オールアラウンドバーブを有するＰＤＯを使用）

より長く＝従来の糸のリフトアップよりも効果が長い（従来の三倍以上の固定力と伸張性が持続されます）

より美しく＝美肌効果も生み出します（皮下のコラーゲン生成や微細血管循環の改善）

具体的な《美肌リフトアップの効果》としては

- **顔全体のたるみの引き上げ**
- **頬の引き上げ**
- **小顔効果**
- **肌質改善、美肌効果**

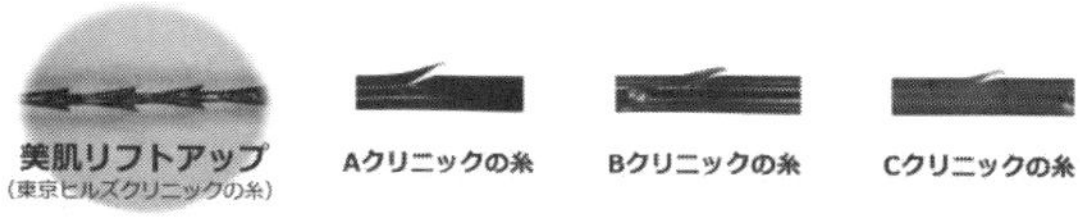

図1

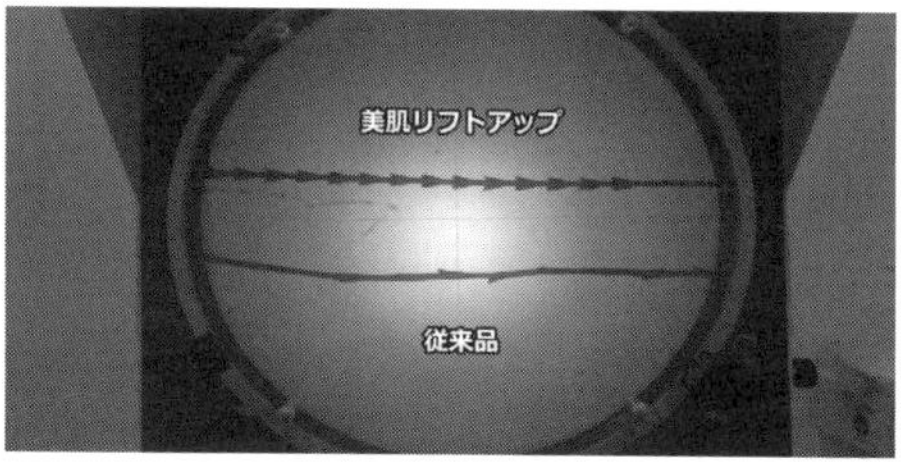

図2

美肌リフトアップとは弛んだフェイスラインを引き上げることはもちろんのこと、同時に肌質改善を促し美肌効果も生み出す画期的な処置です。

従来品の糸のリフトアップと異なり、多数のオールアラウンドバーブ（三六〇度の棘）を有するＰＤＯ（生分解性合成ポリマー吸収糸）を使用することにより、皮下のコラーゲン生成や微細血管循環の改善が行われ安全で自然にお肌の土台から改善が行なわれます（図1、図2）。

また従来品と比べ三倍以上の固定力と伸張性が持続されることでリフトアップ効果や美肌効果もより分かりやすい結果が出やすくなりました（図3）。

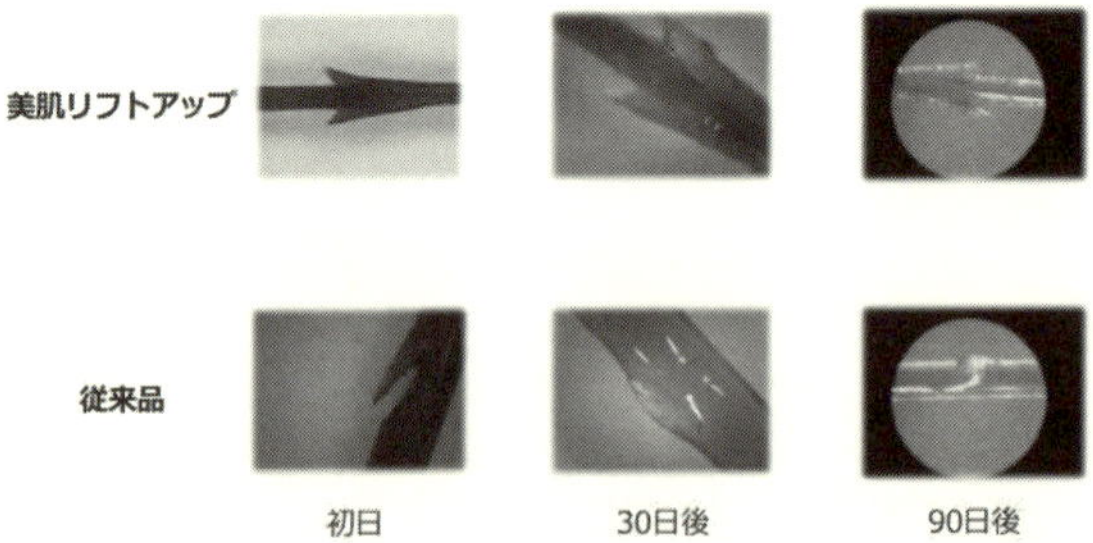

図3

	Aクリニック	Bクリニック	Cクリニック	Dクリニック	美肌リフトアップ
張力	+	+	+++	+++++	+++++
固定力	+	+	++++	+++++	+++++
持続時間	+	+	+++	++++	+++++
組織の外傷	++	++	+++	+++++	++
価格	+	++	++++	+++++	++++
施術時間	20min	20min	20min	30min	20min
施術費用	+	+	++	++++	++++

美肌リフトアップに関しては大げさな手術は不要で、一切切らずに細い針で一点から糸を挿入するのみなので二十分程で終わる処置です。

痛みや腫れが少なく、ダウンタイムも必要ないのも魅力の一つだと考えます。

手軽に若返りやリフトアップを考えている方、あるいは他院で糸のリフトを受けたけど痛みが酷かったや効果が実感できなかったなど不満の残る方など、お気軽にご来院をお待ちしております。

症例写真 リフトアップ

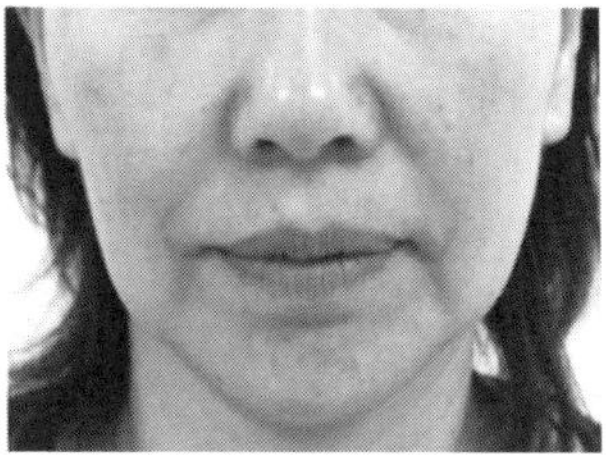

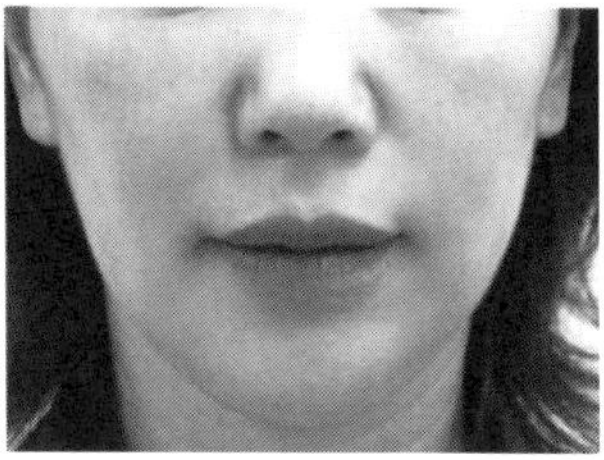

症例写真 リフトアップ

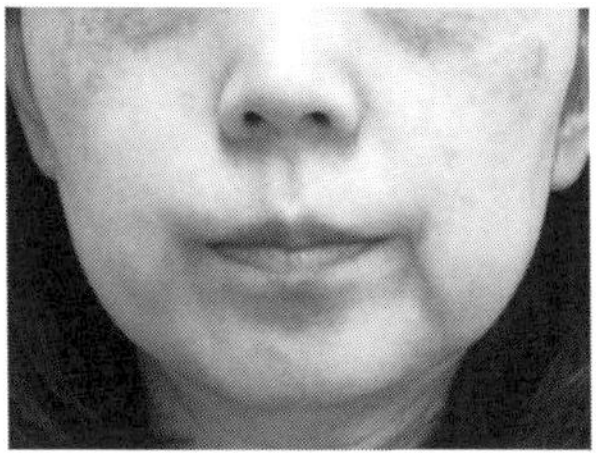

施術前

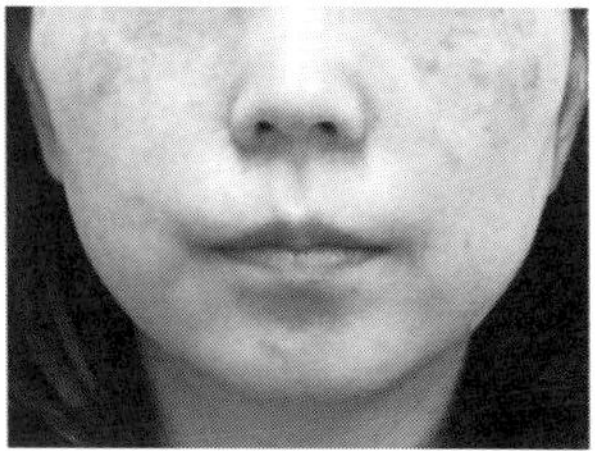

施術後

症例写真 肌質改善

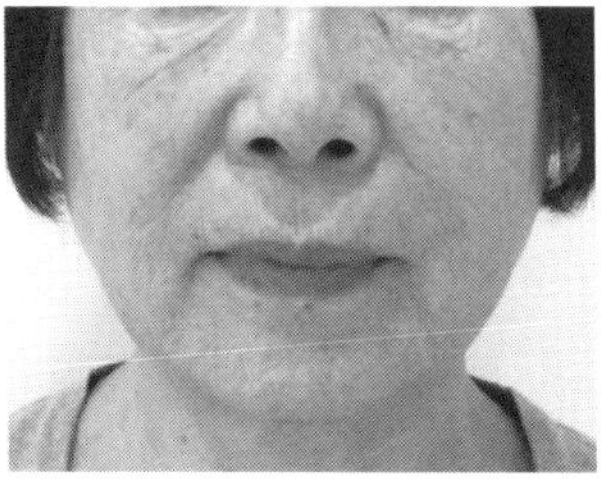

施術前

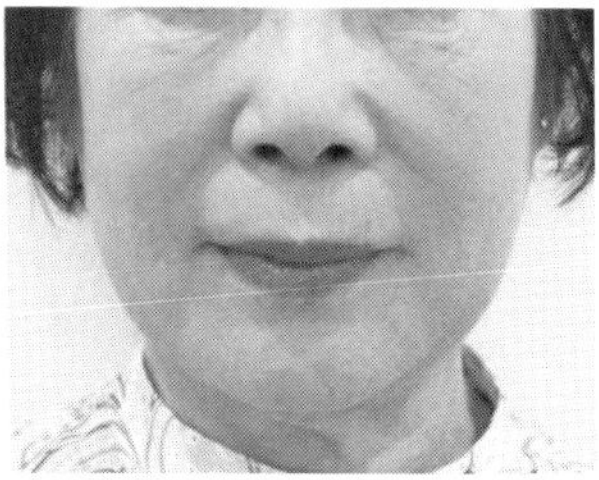

施術後

若返りの勘違い

どんな世代の方でも、女性にとって『若返りたい』という要望は強いものです。

極端な例でいえば、二十代後半で若返りの手術を受ける方もいますし、実際にうちのスタッフでも受けているものもいます。

『二十代で若返りなんかありえない』

と考える人は、ご自身の年齢が三十歳以上か、はたまた美容にあまり興味のない方だと感じます。

かたや六十歳代の方で若返りすることを最初から諦めていて、『こんなおばあちゃんが年柄にもなく来て恥ずかしい』と言う方もいらっしゃいます。

現在の女性の平均寿命が八十六歳と考えると、普通に二十年以上はお元気で過ごせますし、八十代の方からすれば『まだ若いくせに何いってるの』と一喝されてしまうかもしれません。

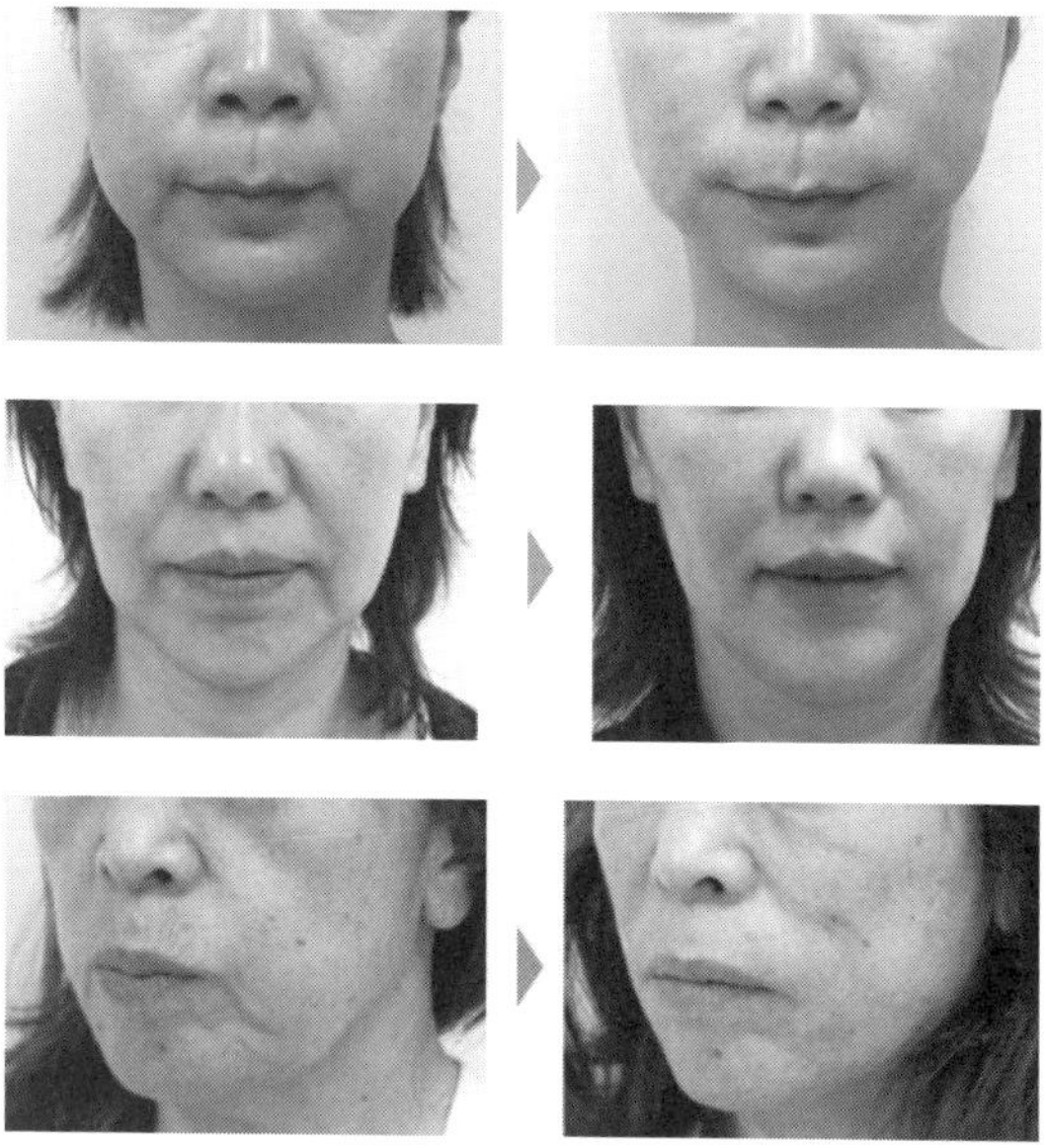

なので若返りは年齢に関係なく『若返りは若返りたいと思った時がやり時』、そう思って下さい。

一言に若返り処置といってもいろいろな処置がありまして注射やレーザーなどの簡単なものから切る手術までさまざまです。

ここで良く勘違いされている方がいらっしゃるのですが『大変で高価な処置や手術ほど効果が高くて手軽で安価な処置は効果が少ない』と勝手に思われていることです。

前述したように若く見られたいと思う世代もさまざまですし、老けて見られる要因もさまざまです。

何か一つ高価な施術を受ければ誰でも若

返るわけではないですし、簡単な注射だけでも劇的に若返る方もいます。

なので私は患者様とのカウンセリングの中で必ず冒頭に『どうしたいですか』とお聞きします。

若返りを希望といっても『できるだけ若返りたい』と言う方もいれば『なるべく周りにバレない程度で』と言う方も、はたまた『手術でもなんでもお願いします』という方もいれば、『怖いので注射かレーザー辺りの簡単なもので』と言う方もいらっしゃいます。

中には、『100万でも200万でもお金は気にしなくて良いので』と言う方もいらっしゃれば、『1万くらいのお小遣い程度でできることで』と正直にお金のこともしっかりお伝えくださる方もいらっしゃいます。

なので若返り方法も患者様の希望に沿えるためには、施術の内容や技術よりも大切なのは診察とカウンセリングです。

クリニックによっては、この一番大切な診察やカウンセリングをドクターでないカウンセラーが行なっているケースが多々あります。

もちろん東京ヒルズクリニックでは、施術の内容や技術は最高のものをご用意させていただいてますし、診察、カウンセリングも院長自ら行い、患者様の希望を踏まえて安心、納得できる内容をお伝えすることができます。

若返りの処置として最も人気の施術はリフトアップです。

現在はいろいろなリフトアップの機器は世間にたくさん出回っております。サーマクール、ウルセラ、タブロなど『メスを使わずに引き上げる』などの広告を良くみます。ただ素人からすればどの機器が良くてどんな違いがあるかは正直何も分かりませんし、ドクターですら専門でなければ分からないのが正直な話です。

はっきりいってしまえばリフトアップをうたっている機器に関しては全て原理は同じです。皮膚の真皮層以下に熱エネルギーを与え、真皮層以下のコラーゲンの増加を促す仕組みです(中には筋層までとかうたっているものもありますが真偽はどうか?)。

この熱の入れ方が高周波（ＲＦ）だったりあるいは超音波（ＨＩＦＵ）だったりあるいは赤外線だったりとか、バイポーラで入れるかモノポーラで入れるかなどの違いだけです。なので実際は上げるので無く、『重量に耐えて下がらなくさせる』といった考え方の方がしっくりきます。

この十何年、いろいろなリフトアップの機器を見て体験してきた私が患者様に立場に立って物申すとなると、『どれも然程効果に差は無く、その割りに高い』が正直な意見です。

なので『値段が高いものほど効果がある』というのは完全な妄想です。

東京ヒルズクリニックでのフェイスアップレーザーは、

(1)効果に即効性がある。
(2)痛みが少ない
(3)ランニングコストが少ない

といった患者様の立場に立ったレーザー機器で、患者様からは非常に満足度の高い処置となっております。

フェイスアップレーザーにご興味のある方はまずは診察、カウンセリングを受けに来ていただくことをお勧めします。

次に、最も人気のある糸を使ったリフトアップについてお話したいと思います。

一言で《糸のリフトアップ》といってもクリニックによって現在はいろいろな施術の方法が存在します。

私自身はこの糸を使ったリフトアップに関しては十年以上前よりいろいろな施術を試して、試行錯誤を繰り返しながら行ってきましたので《糸のリフトアップ》に関してはかなりのエキスパートと考えていただいて良いと思います。

また普通のドクターであれば海外から取り寄せれるもの（最初のものはほとんどが海外製品）を業者さんを通じて購入して輸入業者の方に使い方を聞いて使ってるのが一般的だと思います。

ただ東京ヒルズクリニックの《美肌リフトアップ》の糸に関しては、私自身が美容先進国韓国に行き、直接現地の製造業者さんとディスカッションを重ね、納得した物を使わせていただいております。

糸の原理、糸の構造、製造方法などを熟知して納得できた物に私の現場の臨床的な経験と知識を融合されている内容なので、日本における最高の施術を皆様に提供できると考えております。

なので東京ヒルズクリニックでは『他のクリニックで糸のリフトアップやったことが有るんです』は通用しません。

《糸のリフトアップ》でもハッキリいって全然違いますし、受けていただくと『全然違う』というのは明らかです！

根本的な原理はただ糸で引き上げるのではなく、皮膚にコラーゲン生成と血行改善をもたらしながら皮膚の状態を重力に耐えうる条件に持っていくことで相対的にフェイスラインが自然に引き上がります。

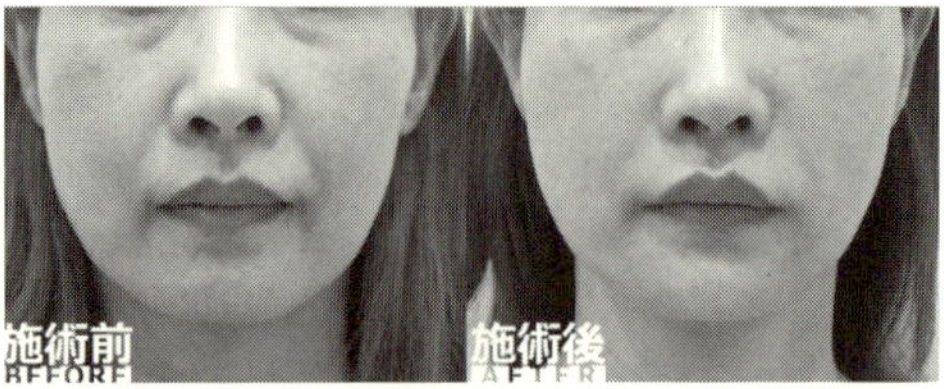

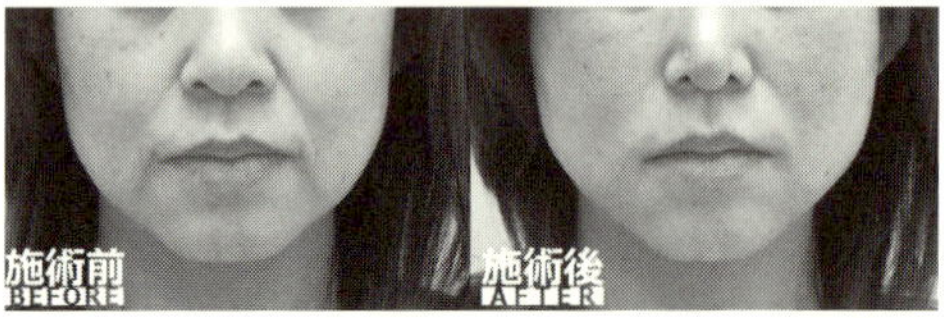

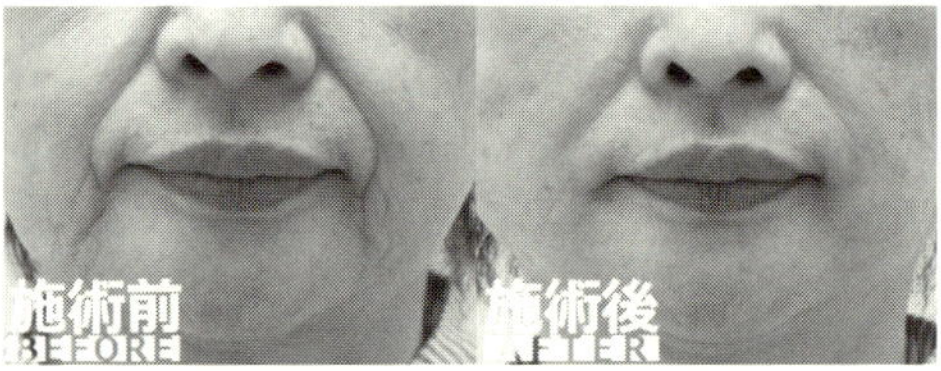

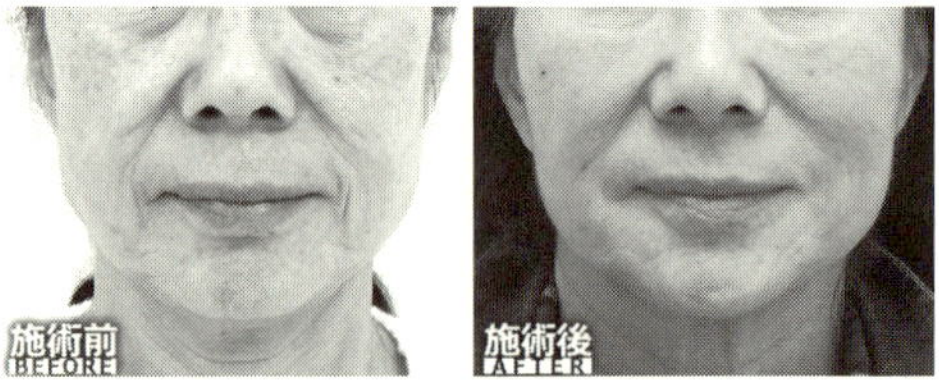

多くのクリニックさんでは糸を使ってちょっと上がるのですが二〜三ヶ月後には糸が溶けて元に戻ってしまうというパターンでトラブルになっているケースも少なくありません。

なのでリフトアップを考えている方は、まずは東京ヒルズクリニックにいらして下さい。いろいろな最新の施術と技術で患者様を感動させますので皆様のお越しをお待ちしております。『全然違う！』と口に出さなくとも思っていただければ嬉しいです。


ここで老化のお話をしておきましょう。

皆様は光加齢、光老化という言葉をご存知でしょうか。

太陽光を浴びれば浴びるほど、老化や加齢が進行していくという考え方です。

その原因になっているのは皆様もご存じな紫外線です。

誰でも六〜八月にかけては紫外線が非常に強くなっているのは実感できるので、外出時に日焼け止めを塗ったり日傘をさすなどの対策を行っている女性の方も多いはず。

ここで大きな勘違いをされている方が非常に多いです。

実は地上まで届く紫外線には二つ種類があり、皆様も聞いたことのあるＵＶＡとＵＶＢというものがあります。

一般的にはＵＶＢが肌にダメージを与える有害なものとされており夏場の日差しを強く体感されるのはＵＶＢのせいです。

またこのＵＶＢをカットするための日焼け止めの効果を現すＳＰＦという値も皆様のご存知なところだと思います。

ただ残念なことに光老化を引き起こす原因となっている紫外線はＵＶＢではなく、皮膚の深いところまで入り込むＵＶＡの方が問題であり、紫外線の九〇％以上はＵＶＡが占めており九月、十月はたまた冬季でも線量としてはそんなに低くなりません。

またＵＶＡの日焼け止め効果を示す値、ＰＡ＋〜＋＋＋というものもあまり知られておらず、老化予防の紫外線対策に関しては通年の日焼け止めのファンデーション対策や日傘対策など今一度行動を見直す必要があると思います。

ただ日焼け止めのファンデーションは皮膚にかなりのストレスが掛かりますし、日傘も限界があります。

私から正直な話をすれば、ご自身でできることは限られていますので、若返りや美容にかなり気を付けていらっしゃるのであれば東京ヒルズクリニックにお越しください！

東京ヒルズクリニックは若返りや美肌を求める方を応援致します。

●今回ご紹介した施術のご料金

美肌リフトアップ　一カ所　１２０、０００円

フェイスアップレーザー　初回　１２、０００円

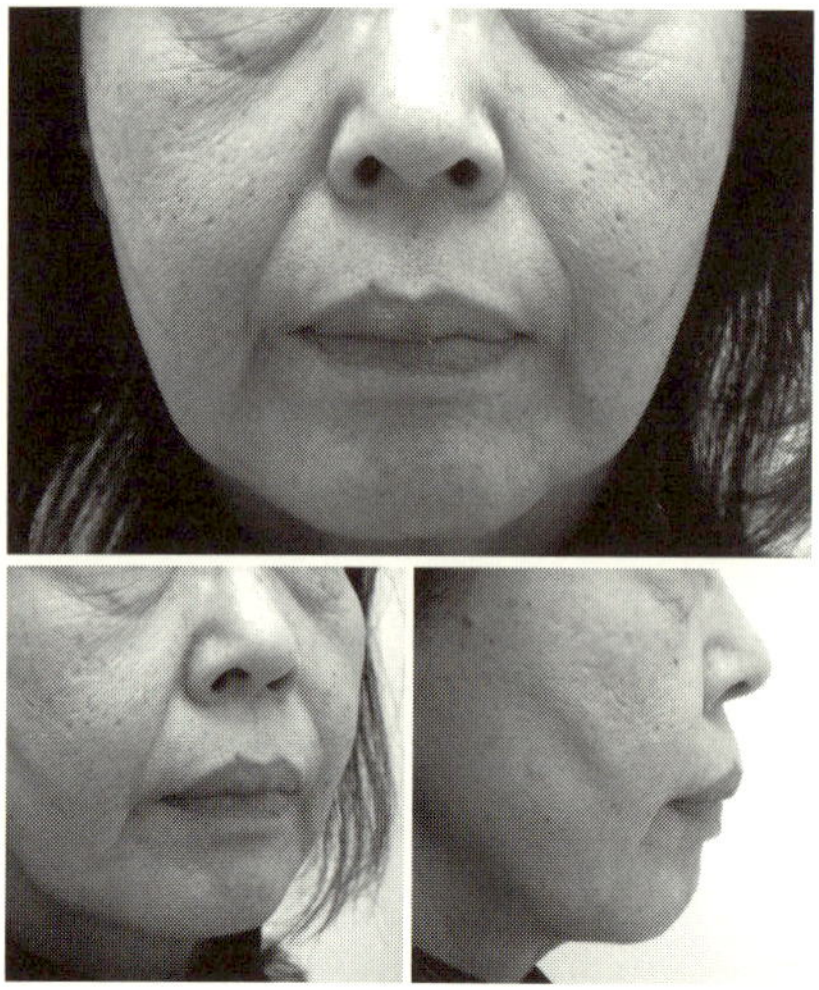

切る時代は終わった

お顔のたるみのご相談でリフトアップを希望する方が非常に多いです。

先日も十年ほど前に切開してリフトアップの施術受けた患者様がご来院されて『当時、手術を受けた当日は出血と痛みと不安で一睡もできなくて大変でした』とお話されつつ、今回またリフトアップをしたいとのことでした。

まずは診察。

診察させていただきますと、部分的な皮膚の切開により一部の皮膚の移動しかなされてなく、一番必要な口周りからフェイスラインに掛けての処理がなされてません。

ただ耳の前と後ろを切っただけの残念なオペだったと思われます。

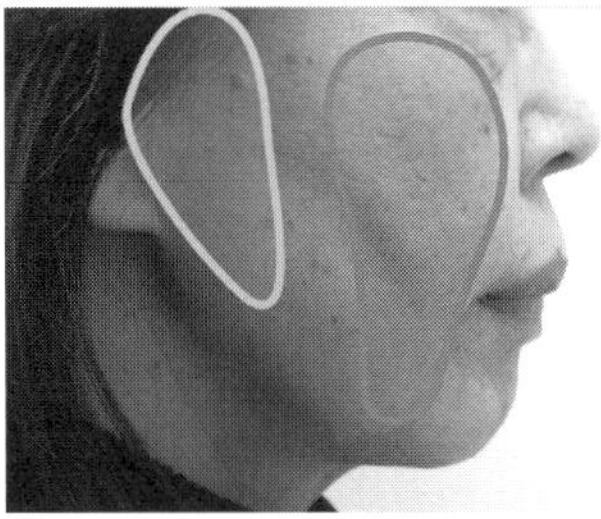

灰色で囲んだ部分：切開により引きあがっている部分
白く囲んだ部分：たるみが残っている部分

もう一つの問題点は肌質です！

ニキビ痕が酷く、肌の張り感も完全に失われているのでまだ五十代前半にも関わらず弛みも強く、非常に老けてみえます。

これらの診察結果と患者様の『切る手術はやりたくない』から《美肌リフトアップ》の施術をお勧め致しました。

結果は!!

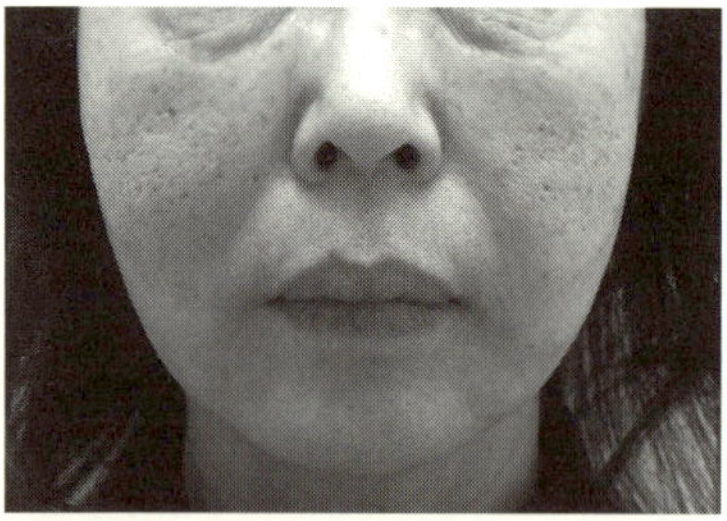

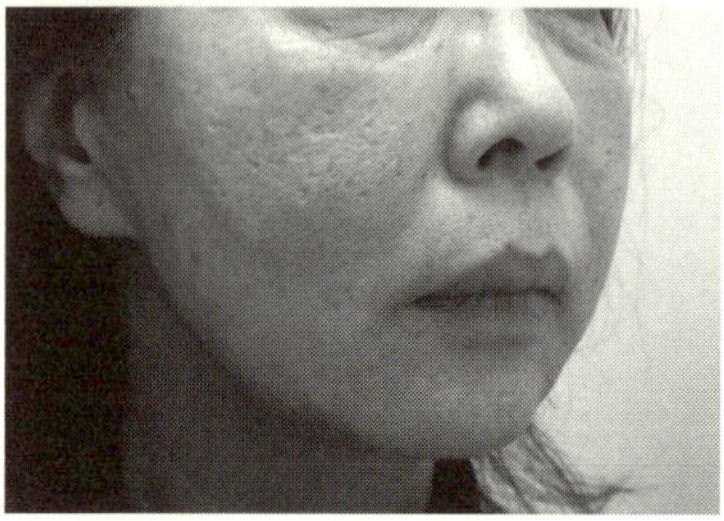

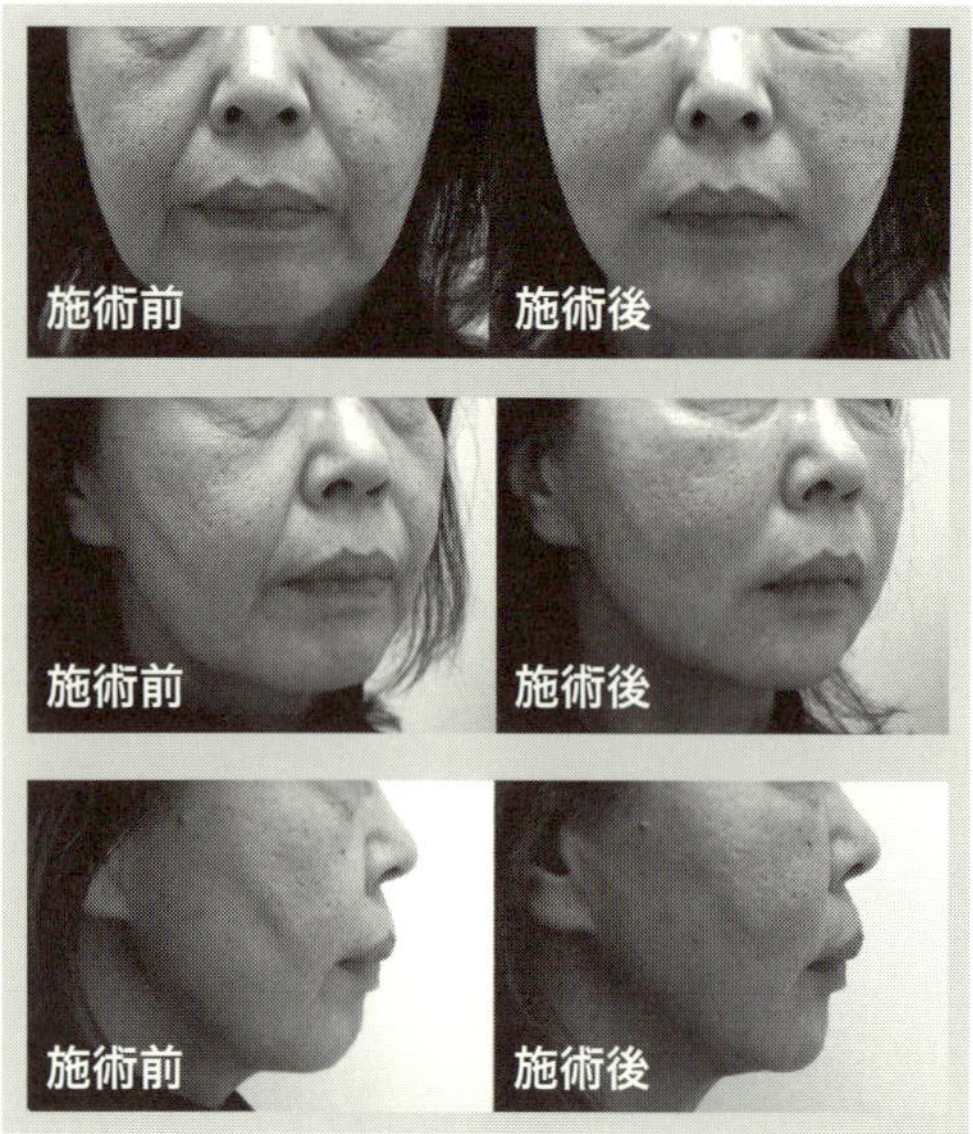

美肌リフトアップに関しては腫れや痛みがほとんど無くこれだけの結果が出てしまうと今回のように以前切るリフトアップを受けた方からすれば魔法のような施術になります。

あとこれから半年ほどかけて肌にコラーゲンが生成され、肌に張りが出て肌も綺麗になり老化の予防にもなります。

痛いの、怖いの、バレるの、全部ダメな方でリフトアップをお考えの方には〝美肌リフトアップ〟は非常におススメできます。

ピーリングって何？

皆様はピーリングを御存知でしょうか？

美容医療でのピーリングとは低刺激の酸で、表皮の角質層を削ることをいいます。

この角質を削る事により表皮の汚れや殺菌作用を行い、乱れていた肌のターンオーバーを整える作用があります。

これにより皮膚のくすみやニキビを含んだ肌荒れが改善し、お肌の若返りも期待できます。

ただ誰でもかれでも表皮を削れば良いという考え方には、私はＮＯです。

そもそも表皮の角質層は必要なものですし、肌質、角質層の厚さなど皆様異なるものを一様に削る行為を行なえば、トラブルを起こすリスクもあります。

その流れもあってか二〇一六年十月より薬事法が改正され、グルコース酸36％以上は劇薬扱いとして管理をする事が義務付けされました。

当院ではあえて患者様の目的と肌質の条件により、二種類の最新ピーリング剤ををご用意させて頂きました。

・ベビーピール
・トックスピール

この2つの製剤は角質層を削るという目的では同じピーリング剤ですが、美容的な目的は微妙に異なります。

ベビーピールとは、サリチル酸マクロゴールピーリング剤を使用するものです。マクロゴールタイプとは、ピーリングによる痛みや赤みも従来のピーリング剤の中では最も少なく、それでいてコラーゲンの造成はディープピーリングにも匹敵するといわれています。ベビーピールの一番の適応症例者としては、ニキビの治療の方だと思います。

あとは比較的若い方の毛穴の角栓も取れ、毛穴の黒ずみにも効果があります。

肌のくすみなどは一回の施術でも効果を実感できます。

通院方法としては、月一回の施術で、当院では五回を一クールの治療としてお勧めしています。ピーリングは比較的簡単な施術なだけに、はじめての美容医療でのスキンケアとしては受けやすいものと感じます。

もうひとつのピーリング、トックスピールについてご説明させて頂きます。

このトックスピールとは最新のピーリング治療法で単なる表皮を削るだけでなく、削りながら若返りに必要な成長因子も同時に入れ込むというもの。

結果的にくすみやハリが出るのはもちろんのこと、回数を重ねればシミやシワの軽減、あるいはリフトアップ効果も十分期待できます。

処置内容としては、いくつかの薬剤を塗るだけのもので二十分ほどで終了します。

直後よりモチモチ感は感じられますので、御年配の方やアンチエイジング初心者の方には満足感は高いです。

まだ日本では導入されているクリニックも少ないので、興味のある方は一度、東京ヒルズクリニックで体験してみて下さい。

初回は四千八百円と大変リーズナブルにお受けできますので、皆様のご来院、お待ちしております。

●今回ご紹介した施術のご料金

ピーリング　初回　4、800円

シミ治療最前線

美容皮膚科の分野で最も多いお悩みといえばシミです。

シミの最新治療法についてお話ししたい思います。

そもそもシミとは何かと考えた時に単なる皮膚の色の濃淡の濃い部分のことを指します。

ただ実際この皮膚の濃い部分はいろいろな原因でできるものでシミの種類もさまざまです。

治療の現場では、患者様からシミという言葉をひとくくりにして治療を希望される方がほとんどですが、シミにはいろいろな種類のものが存在し、治療法もさまざまだということを理解する必要があります。

実際シミ治療に関しては私たち専門医でも、シミの診断は難しい場合があり、そこで診断を誤れば治療しても効果がないだけでなく、ものによっては悪化する可能性もあります。

基本、シミの治療法に関しては、『シミが取れる』という表現は避け、『シミを薄くする』という考えで治療に臨んでいただければリスクは回避できます。

それでは、東京ヒルズクリニックでのシミ治療に関して、三つの最新機器を使った治療法についてご提案させていただきます。

まずはレーザートーニングについてお話したいと思います。

この【レーザートーニング】という治療法、聞きなれない方もいらっしゃると思います。言葉から説明しますと、『レーザーで肌のトーンを整える』治療法と考えていただければ何となく分かりやすいかもしれません。

では具体的にレーザートーニングとはどのような治療法かと申しますと、最新のＹＡＧレーザー機を使用し、皮膚の深い位置まで低出力のレーザーを当てることにより、シミの原因であるメラニンを少しずつ少なくする治療法です。

ただ低出力なので一回では劇的な効果は表れませんが、回数を重ねることによりあらゆるシミを薄くすることは可能です。

あと痛みが少なく、ダウンタイムの必要性のない治療になりますので、直後からお化粧などができるのもレーザートーニングの大きな特徴になります。

これらの説明だとまだ分かりづらいという方にもっと簡単に言いますと、【レーザートーニング】とは『シミや美白のレーザー治療の中で最も気軽に受けられる治療法』と考えて下さい。

現在日本でレーザートーニングの機器として最も多く使用されているのが、メドライトC6という機器です。

ただこのメドライトも販売されてから十数年が経過しており、東京ヒルズクリニックではこの後継機モデルである、レブライトSI【REVLITE SI】を導入しております。

このレブライトSIに関しては、従来モデルと比べあらゆる面で進化しており、レーザートーニング治療がより効果的でより手軽なものになっていると感じます。

次に、レーザートーニングと使用頻度を二分するIPL治療についてご説明をさせていただきます。

IPLとはパルスライト（発光させた光）の光エネルギーを使った治療法で、世間ではフォトフェイシャルや光治療ともいわれています。

この光エネルギーをいわゆるシミと呼ばれる表在性色素斑にあてることで、その色の付いている組織に反応し、皮膚のターンオーバーを利用してシミを排除する方法です。

なので二〜三日後辺りからその反応したものが黒く浮き出て、ポロポロ剥がれてきます。

基本、光を照射するのであらゆる皮膚の色にマイルドに反応し、シミや赤ら顔の方に一回の照射でも効果が実感されます。

ただあくまでも表在性のものだけにしか反応しないので、深いシミに関してはまた一〜二カ月後には出てきます。

出てきたシミに関しては薄くはなっていますが、月一で四〜六回程の治療が必要にはなります。

ものによってはレーザートーニングの治療を混在させることにより効果的な場合もあります。

ちょっとこの説明では分かりづらい方には、ＩＰＬ治療とは『シミ治療として比較的気軽に受けれて効果も実感しやすい治療法』ぐらいに考えていただいて結構です。

東京ヒルズクリニックではＩＰＬ治療に関して、ＳＹＮＥＲＯＮ社のｅＰｌｕｓを導入しております。

一般的なＩＰＬ治療は単に光エネルギーのみでアプローチしているのに対し、ｅＰｌｕｓでは光エネルギーに加えてＲＦ（高周波）エネルギーが補完的に働くことで相乗効果を生み出します。

この最新のＩＰＬ治療が東京ヒルズクリニックでは初回四千八百円とリーズナブルなお値段

で受けることができます。

スポット的なシミの治療について説明していきます。

患者様から、『この一箇所シミ、簡単に取れますか?』というお悩みをよく聞かれます。

結論から申しますと、前述したようにシミは簡単には取れません。

この手の患者様の多くは『数回通ってまでの治療は考えていない』とのことですので、なるべく患者様のニーズに合った治療法をお勧めしたいと思います。

ただ一回の照射で薄くできるシミは限られており、日光黒子か老人性色素斑辺りになります。

この場合はQスイッチYAGレーザーを使用し、532nmで照射するのが一般的ですが、レーザーの力(ジュール)をシミの濃さにおいて設定するのが難しいので、ドクターが自ら照射いたします。

照射後は表皮保護のために、テープを一週間は貼っていただく必要がありますので、そのあたりが面倒かもしれません。

このようにシミの治療法に関してはいろいろな条件の中で治療法を選択し、効果を出していく必要があります。

なので一番重要なことは、しっかりした診察とカウンセリングです。

●今回ご紹介した施術のご料金

レーザートーニング　初回　４、８００円
シミ取りレーザー（１ショット）４、８００円
光（ＩＰＬ）治療　初回　４、８００円

シワ取り注射

皆様が最も気軽に受けられているシワ取りの注射についてご説明して行こうと思います。

皆様はヒアルロン酸やボトックスいう言葉をご存知でしょうか？

基本、シワ取りの注射はこの二つがメインで行われております。

結構、この二つを混同している方はたくさんいらっしゃいますが、それぞれ物質も違いますし用途も異なります。

わかりやすく説明しますと、ボトックス注射は『動きを止める』目的があります。

これによりお顔の表情シワを止めて、シワを目立たなくさせます。

一方、ヒアルロン酸には『持ち上げる』目的があります。

もうすでにできているシワの溝に注射を打ち溝を埋めて、シワを目立たなくさせます。

効果的な部位に関しては、ボトックス注射は額、眉間、目尻などが有効とされており、ヒアルロン酸は額、眉間、ほうれい線などが有効とされています。

それぞれ東京ヒルズクリニックでは初回八千八百円というリーズナブルな金額でお試しすることができるので、ご興味のある方は一度ご来院されてみてはいかがでしょうか？


では、ボトックス注射について詳しくご説明させていただきます。

ボトックス注射に関しては前述したように、表情シワの動きを止める作用があります。

ということは、『表情が無くなって能面みたいな顔になっちゃうんじゃないの？』と不安をお持ちの方もいらっしゃると思います。

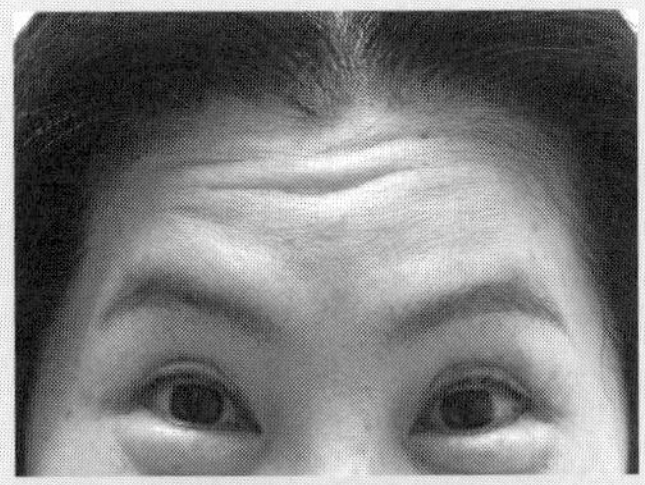
ボトックス注射施術前

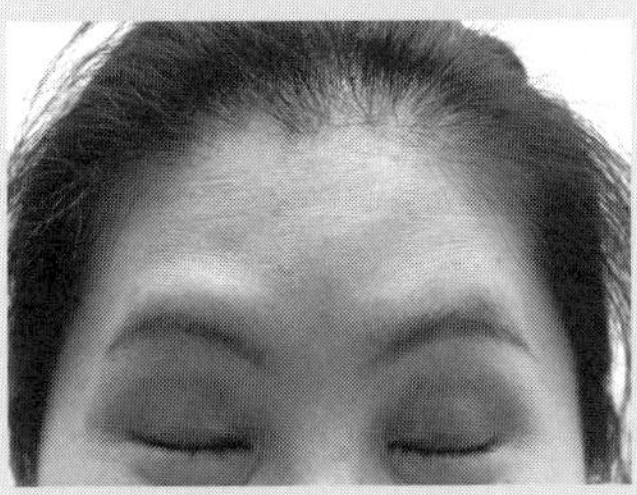
ボトックス注射施術後

答えはＹＥＳです。

施術者が知識も経験も無ければ確実になります。

では、もしなってしまったたら元に戻せますか？

答えはＮＯ。

ボトックスの効力が無くなるまで元の状態

に戻すことは不可能です。

なので気軽に受けられる処置ですが、処置前のしっかりした診察とカウンセリングは必須です。

ただ『シワがあるから単純に止める』という考えでは無く、表情を残しながらシワを薄くするテクニックは正直センスです。

やはり経験豊富なドクターの方が安心できます。

東京ヒルズクリニックでは、二種類のボトックス製剤をご用意しております。

①韓国産のボツリヌストキシン

②アメリカ産のボトックスビスタ

二つの違いに関して大きな違いは、価格と国内承認薬剤かの違いです。

ボツリヌストキシンは価格は安いが国内承認は取れていません（他のいくつかの国のでは承認は取れています）。

一方、ボトックスビスタに関してはボツリヌスと比べると価格は高いが、国内承認は取れています。

まだ細かい違いはありますが、使用選択のアドバイスとしては、初めての方でお試しで受けられる方は価格のお安いボツリヌストキシンで、ボトックス注射を以前にも受けられたことのある方ならボトックスビスタで受けられるのもよろしいかと思われます。

次に、シワ取り注射のヒアルロン酸注射についてご説明させていただきます。

ヒアルロン酸はシワの溝に打ち、そのボリュームで溝を持ち上げシワを目立たなくする原理です。

東京ヒルズクリニックではいろいろな種類のヒアルロン酸をご用意させていただきました。

これは価格、シワの状態、麻酔入りか、国内承認薬剤か、持続時間、など、いろいろな要素を含めそれぞれのヒアルロン酸に特徴があるので診察、カウンセリングを行った後、患者さまの希望に沿うヒアルロン酸注射をチョイスしていきます。

例えば、眉間のシワが気になるがお試しで受けてみたいという方には、初回八千八百円のヒアルロン酸注射を受けていただくのをお勧めします。

あるいは怖がりで痛がりな方には、国内承認薬剤で麻酔入りのジュビダームウルトラをお勧めいたします。

あと海外在住の方で、一年以上持たせたいなどのご事情がある方などには、ヒアルロン酸ではないですがエランセMという注射もお勧めすることも可能です。

ただヒアルロン酸も打ち過ぎれば、必ずボコボコしますし、不自然になる可能性も十分あります。

アンチエイジングの導入としてはボトックス、ヒアルロン酸は非常に有意義な処置だと思います。ただ注射だけに頼って本質的なところを見失うと、若いや綺麗とは程遠い身なりに成りかねません。

たかが注射ですが、経験があり、信頼のおけるドクターのもとで貴女の若返りの第一歩を踏み出すことが今後の貴女の若さ、美しさを左右させます。

●今回ご紹介した施術のご料金
シワ取りヒアルロン酸　初回（一ヶ所）８、８００円
シワボツリヌストキシン　初回（一ヶ所）８、８００円
エランセＭ　８８、０００円

パーフェクト小顔術について

東京ヒルズクリニックで若い方に一番人気の施術は圧倒的に『パーフェクト小顔術』です。

パーフェクト小顔術とはエラのボトックス注射と輪郭注射であるＢＮＬＳをセットで行う注射で確実に小顔効果を引き出す施術です。

それぞれがどのような効果を出して小顔にしていくかご説明していきましょう。

(1)エラのボトックス注射について

エラのボトックス注射は顔のエラの部分に当たる噛み締めると動く咬筋を、ボトックス注射で動きを止めてしまうものです。

咬筋を止めてしまうとなると物が噛めなくなるイメージかありますが、普通に食事も取れますし、日常生活には何ら支障はありません。あったとしても硬いものが噛みづらくなるやガムを噛むのが疲れる程度です。

この咬筋が止まることで筋肉は時間をかけて萎縮を起こします。なので咬筋が止まってから萎縮を起こすまでには時間が掛かるため、小顔の効果が出てくるまでにはおよそ二～三週間ほどかかります。

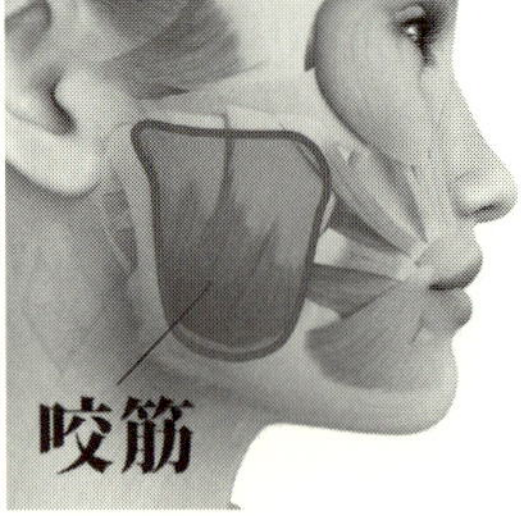

また一般的にボトックスの効果は、三ヶ月から半年とされており、小顔をキープしたいのであれば二～三ヶ月に一度を三～四回はお勧めしたいです。

その他にも国内承認薬であるボトックスビスタに関しても取り扱いがあるので、ご希望であれば注射することも可能です。

⑵ＢＮＬＳについて

ＢＮＬＳとは『Ｂブランド Ｎニュー Ｌリポスカルプティング Ｓソリューション』の略語で単純に日本語で言うと『最新の脂肪溶解輪郭注射』というところでしょうか。

このＢＮＬＳは幾つかの植物由来の成分により、皮下脂肪層の脂肪を溶解しながらリンパの流れも促進させる作用を同時に行えるので非常に効率よく小顔効果を出せます。

また肌の引き締め効果の成分も含まれているので、脂肪を溶解したレベルでのたるみも起こしづらいことも利点です。

詳細な成分などの効果は次頁の図のようになっております。

現在ではＢＮＬＳも新たに新成分を追加した『ＢＮＬＳ Ｖｅｒｓｉｏｎ２』を販売しており、より脂肪溶解効果や抗炎症作用がアップされております。

BNLS® ：作用機序

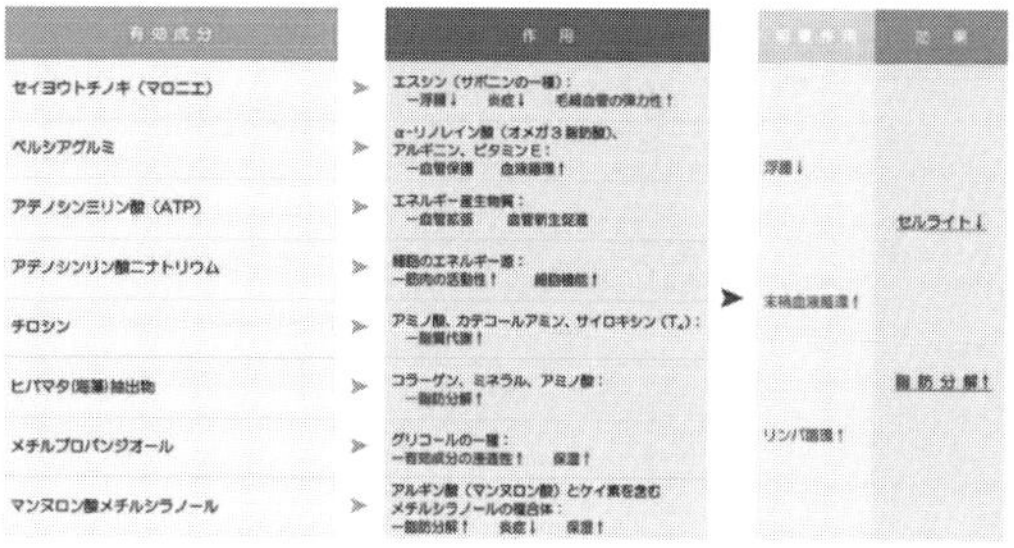

BNLS Version2 追加成分

①メチルプロパンジオール
デンプンを発酵して精製されるグリコールの一種であり、含有成分の浸透性を高めるとともに保湿力に優れている。

②マンヌロン酸メチルシラノール
海藻由来のアルギン酸（マンヌロン酸）とケイ素を含むメチルシラノールの複合体であり、脂肪分解、抗炎症、再生、保湿等の作用を有する。

もちろん、東京ヒルズクリニックではこの『ＢＮＬＳ Ｖｅｒｓｉｏｎ２』を導入しているので、製品の品質や安全性、効果などはご安心してご利用していただけると思います。

（クリニックの中には単なるメソセラピーの注射をＢＮＬＳと同様の効果があると広告しているクリニックもあるので必ず注射をされる前に成分などをきちんと確認した上で受けられることをお勧めします）

この二つの注射を同時に打つことことで、骨以外の筋肉、脂肪、皮膚などの組織を効率良く小さくできるので、誰でも手軽に小顔効果を体験することができるわけです。

やはり誰もが憧れる小顔が注射で簡単に受けられるとあって、かなり好評なのですが、あとは値段です。

東京ヒルズクリニックのパーフェクト小顔術は、エラボトックス注射を倍量とＢＮＬＳ注射二ｃｃを同時に受けて二万円という破格の値段でお受けす

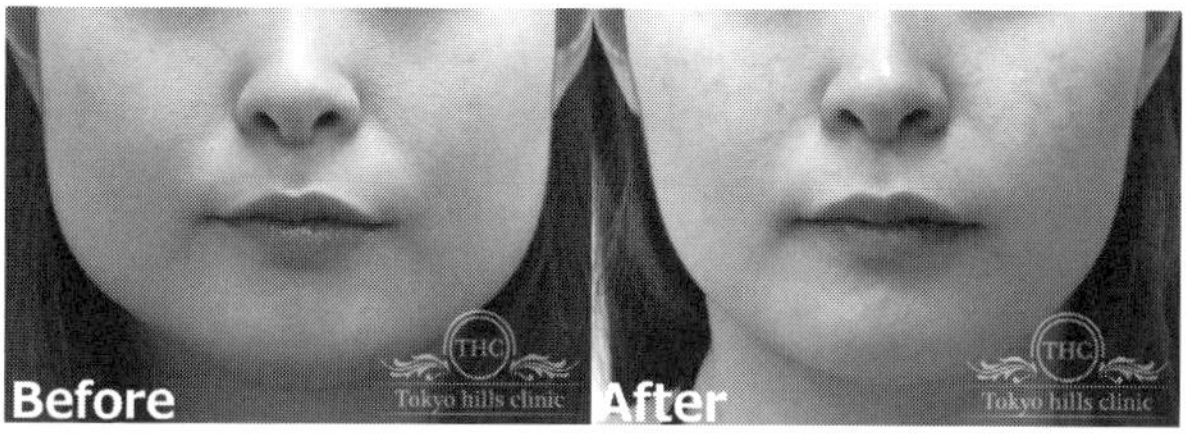

ることができます。

ＢＮＬＳを受けたことのある方ならご存知だと思いますが、ＢＮＬＳ（一ｃｃ）二千二百円で受けられるのは、全国でも東京ヒルズクリニックだけだと思います。

●今回ご紹介した施術のご料金

パーフェクト小顔術　２０、０００円（税別）

（初回エラボツリヌス２倍量＋ＢＮＬＳ　２ｃｃ）

目の下のくまさん撃退法　最新注射治療《リジュランアイ》

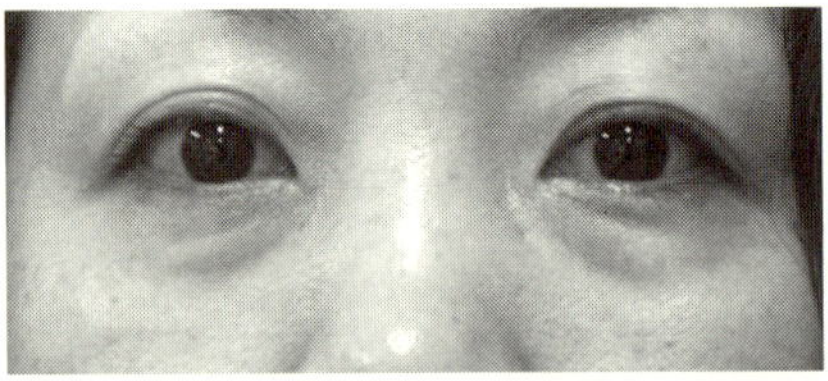

『ある～日、目の下～の、クマさんに～出会～った』というお悩みでご来院される方は結構いらっしゃいます。

「目の下のクマ」と一言でいいますが実際はたるみだったり、凹みだったり、皮膚の色だったりといろいろな要因でクマっぽく見えるのが現実です。

なので一つの治療法を行えば皆様綺麗に治るというものではないです。

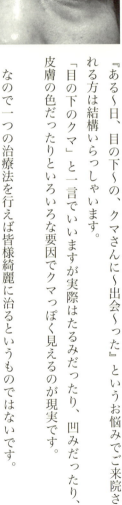

実際の治療に関してはしっかりした診察とカウンセリングをした上で適切な治療法をお勧めしたいのですが、皆様できれば簡単な注射などを希望される場合がほとんどです。

現行の目の下のクマに対する注射的治療法として有効とされているのが、自己採血を使ったＰＲＰやＦＧＦといったものが存在しますが……、私の経験からすると【リスク】、【費用対効果】、【侵襲度】から考えるとこれらの治療法が最良かというと首を傾げます。
こんな疑問を解消するために、東京ヒルズクリニックでは最新の注射治療法として《リジュランアイ》という製剤を導入しました。
これは採血する必要もないですし、しこりになるリスクもない上、目の下の皮膚のハリやキメの改善効果を実感しやすいという面でも患者様の満足度は高い治療法といえます。

では《リジュランアイ》とはどんな物か？
《リジュラン》の有効成分である【ポリヌクレオチド】がダメージを受けた皮膚の生物学的状態を改善することで、表皮と真皮を回復させ皮膚にハリを改善させ美しい肌を作り上げるという物です。

リジュランの利点

優れた回復作用
皮膚自体の再生力を改善することにより、自己回復力を高めます。

ハリの改善
加齢によって失われた弾力繊維を補います。

バランスの回復
皮脂の分泌を減らし、皮膚の脂分と水分のバランスを回復させることで肌のきめを改善します。

確かな安全性
生体適合性の高い物質であるため、有害反応が起きることはありません。
※魚・魚卵等のアレルギー体質の方は使用を控えてください。

迅速な効果
注入後直ちに皮膚を安定化させ、皮膚の深部からすばやい効果をもたらします。

目の下のクマさんに出会ってしまい悩んでいる方や他院に通われているが改善されない方など、まずは東京ヒルズクリニックにいらしてご相談してみて下さい。

●今回ご紹介した施術のご料金

潤い注射　目の下両目（リジュランアイ）　４８、０００円

医療脱毛とエステ脱毛

現在、脱毛を行うとなるとエステか美容の医療機関で受けることが多いと思います。

ではまずはエステと医療機関での脱毛に対しての違いを良く質問されます。

答えから言いますと…


ぜんぜん違います!!


エステで使っているレーザーの機器は正直、その辺の通販で誰でも購入できる代物なので、一般の方が家庭で使用することは可能です。

そのため使用する際には安全なのですが、脱毛効果としては一時的なものがほとんどです。

家庭用の機器とほぼ変わらないので機器の値段も安く、永久脱毛とはほど遠い結果になってしまうのはご理解いただけると思います。

一方、医療レーザー脱毛の機器はあくまでも医療機器なので医師の資格が無ければ購入できません。

使用に対しても危険を伴うこともあるので医師の診察、指示が必要で、患者様の状態により機器の設定を調節できます。

あと医療機器なので脱毛用のレーザーといえども一千万円近くする代物をエステの家庭用機器と一緒のように扱われてることがそもそも問題だと思います。

一番の違いはエステの脱毛機器でも少なからず皮膚に対してダメージがあります。

それに対する対処の知識がないこととトラブルになった時に対処法がないということです。

近年はエステで脱毛のコースを組ませるだけ組ませて次回の予約から取りづらくさせたり、ひどい所だとそのエステの会社自体を潰して逃げてしまうという悪徳業者も多々あります。

やはり、たかが脱毛、されど脱毛です。

ただ『値段が安いから』とか『近くだから』だけで決めずにやはり責任者がしっかりした医療機関をおすすめします。

現在、日本で最もポピュラーな医療脱毛のレーザー機器は光をパチンパチンとあてる『ＩＰＬ式』のものが多いと思います。

東京ヒルズクリニックでは次世代の医療脱毛機器と呼ばれている『蓄熱式』のものを採用させていただきました。

その中でも最も安全性が高く、ドイツ製の【メディオスターＮｅＸＴ ＰＲＯ】を導入しております。

この【メディオスターＮｅＸＴ ＰＲＯ】の登場により医療脱毛は『はじく痛いレーザー脱毛』から『なでる優しいレーザー脱毛』の時代に変わったといえます。

【メディオスターＮｅＸＴ ＰＲＯ】によるレーザー脱毛の最大の特徴は従来のレーザー脱毛に比べ

⑴痛みが少ない
⑵肌に対するダメージが少ない

ということです。

これには従来のものと根本的にレーザー脱毛の原理が違う点からご説明ができます。

従来のものはレーザーの熱エネルギーにより毛の深い位置にある毛根全体を破壊して脱毛させるという原理で行われていました。

ただこれにより

(1)照射中の強い痛み
(2)熱エネルギーによる火傷
(3)毛の周りの皮膚のダメージによる毛嚢炎

などの皮膚トラブルを起こす可能性があったわけです。

【メディオスターNeXT PRO】に関しては脱毛原理が異なり、毛根より比較的浅い位置にある『バルジ』と呼ばれる発毛因子をレーザーの蓄熱で破壊するという全く新しい発想でレーザー脱毛が行われております。

これにより痛みは軽減され、火傷や毛嚢炎などの皮膚トラブルからも回避することができるようになりました。

ほかにこの『蓄熱式』は『IPL式』とは異なり光を使わないために日焼けや色黒の方も脱毛ができ、特に男性のヒゲのように密度の多い毛や硬毛と呼ばれる毛に関しても有効なレーザー脱毛ともいわれております。

この新しい【メディオスターNeXT PRO】のレーザー脱毛が、東京ヒルズクリニックでは、ワキ脱毛 一回1、800円（五回コース）＋税でのお値打ちな値段で受けることが可能です。

初めての脱毛や脱毛は考えててるが痛みや皮膚の弱い方などは一度、東京ヒルズクリニックにご相談いらして下さい。

痩せたくない人は観ないでください

THC式スリムプログラムをご紹介したいと思います。

私　ビフォー写真

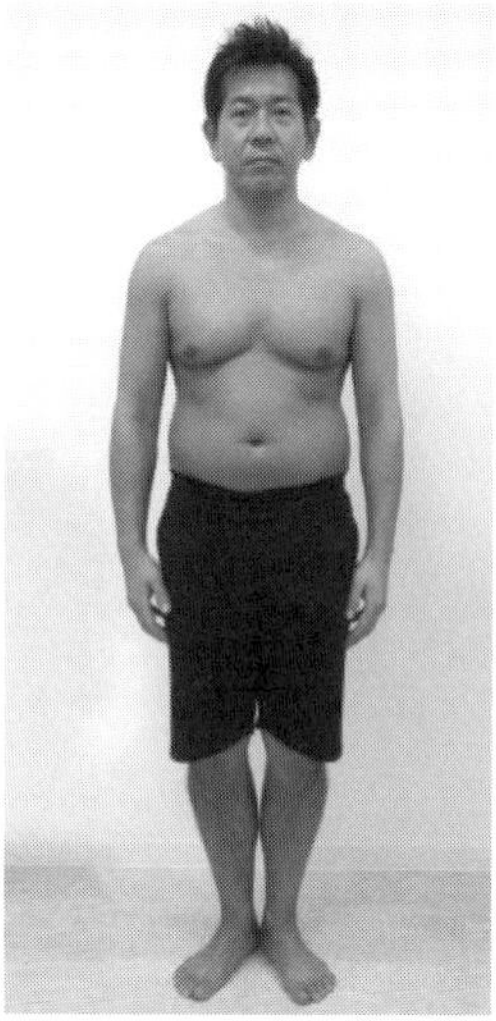

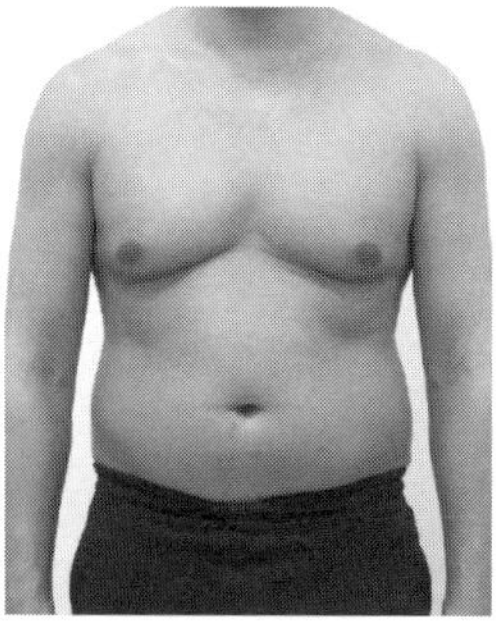

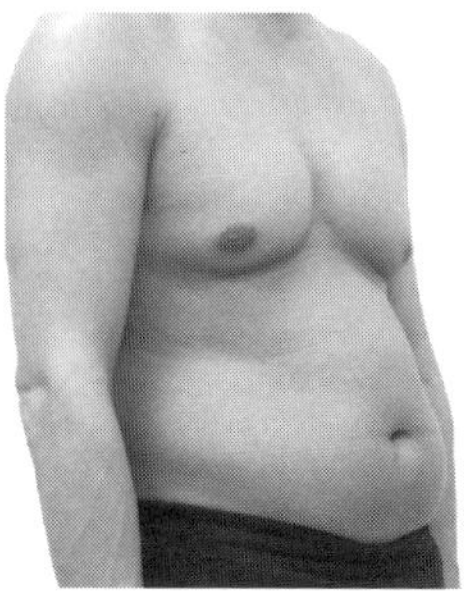

アフター写真（一ヶ月後）

・体重　七〇．七キロ（マイナス五．三キロ）

・胴回り　八三．〇センチ（マイナス一二．四センチ）

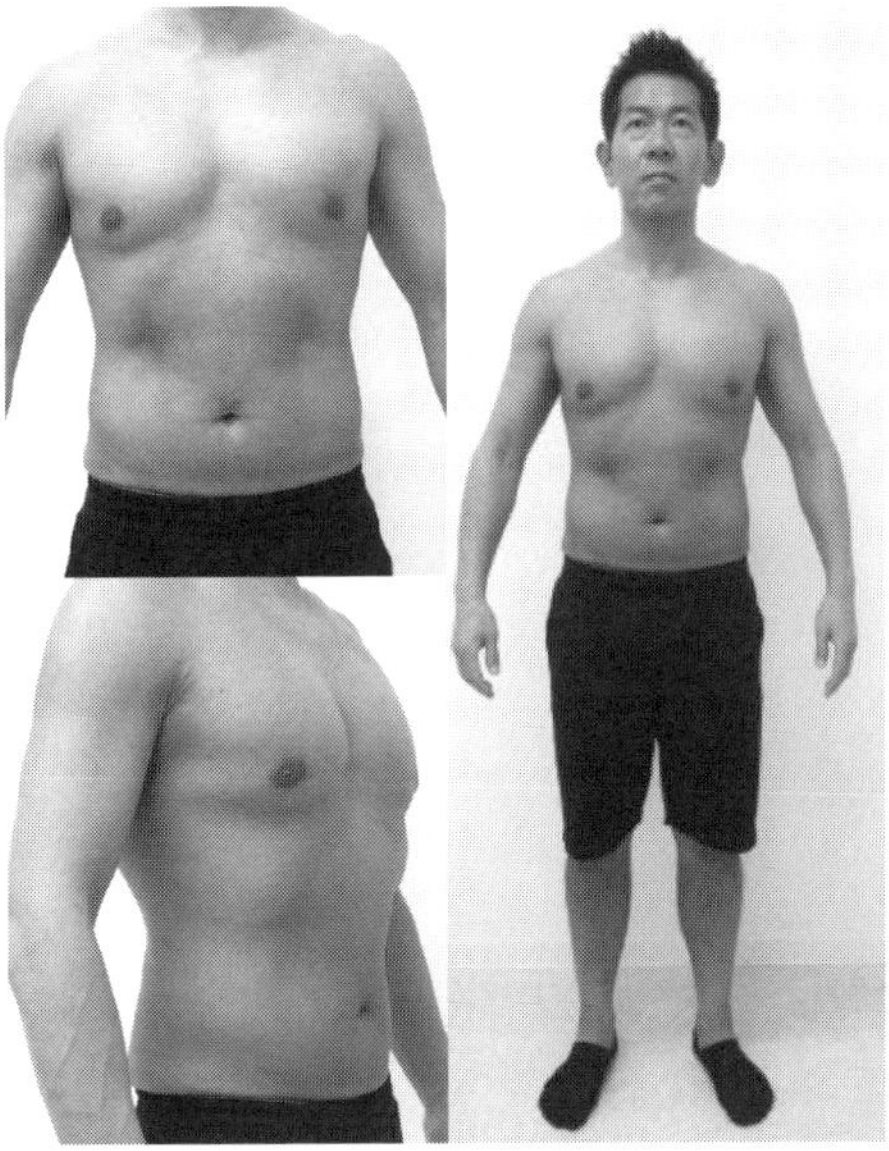

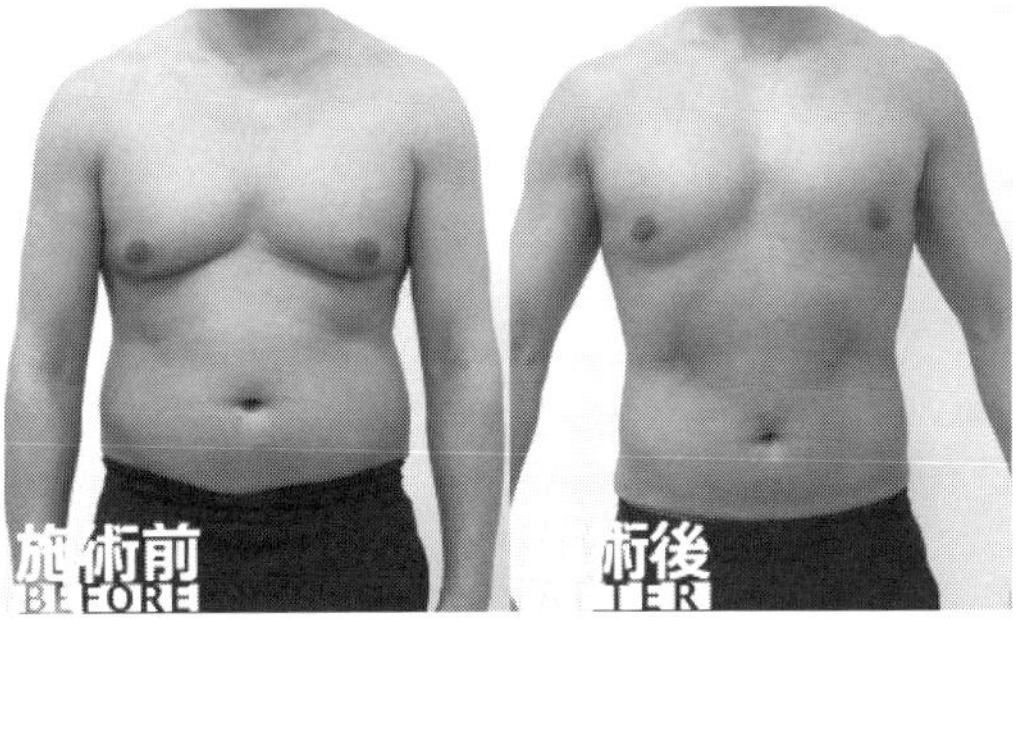

林寛子さん　ビフォー写真

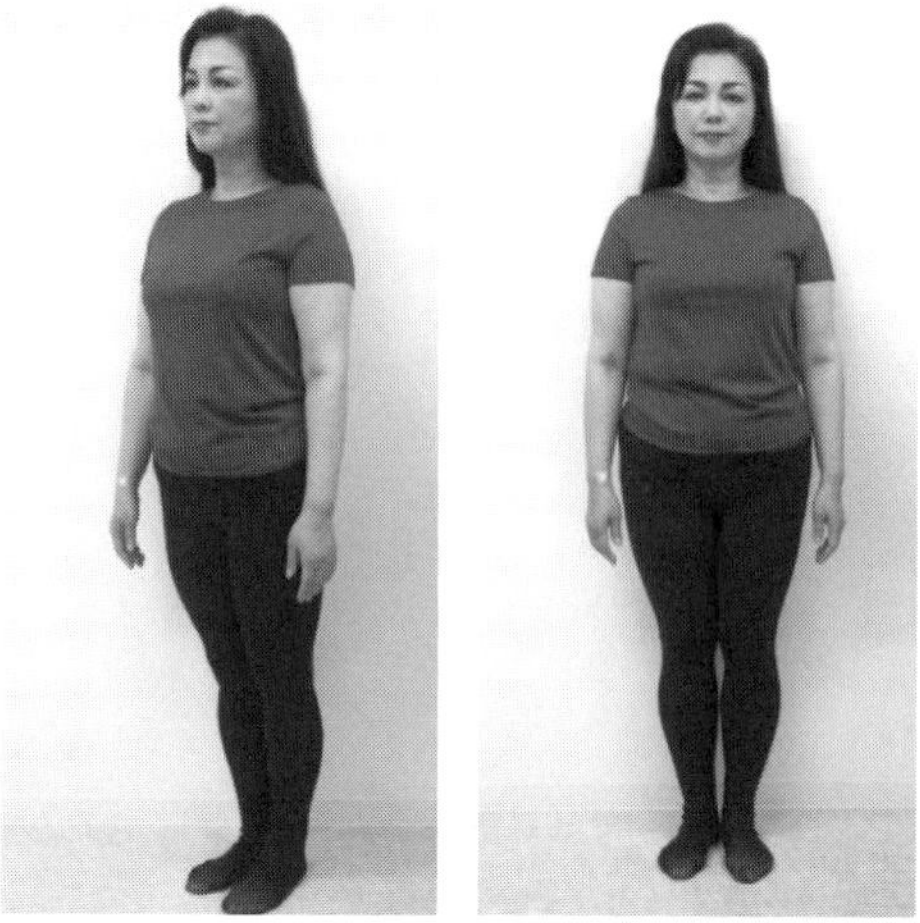

アフター写真（一ヶ月後）
・体重　マイナス三、三キロ
・胴回り　マイナス七、〇センチ

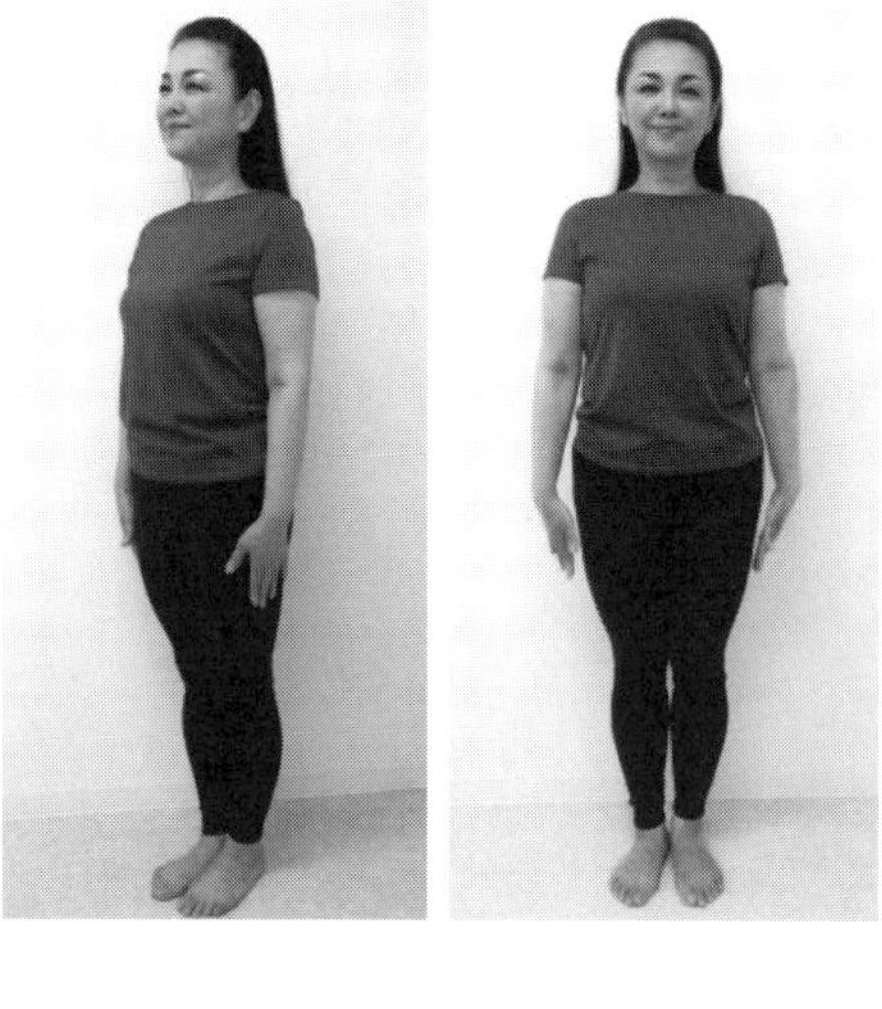

ダイエットで失敗するのは、食べないという辛い思いをする割に体重が落ちない、そして体重がちょっとでも増えてしまった日には完全に挫折するパターンだと思います。

《失敗するタイプ》には

⑴数日の短期間で結果を求める
⑵運動すれば痩せると思っている
⑶カロリーばかり気にしている
⑷体重のみを気にしている
⑸一年中ダイエットしている

ただこのような方でも少し考え方さえ変えれば、ＴＨＣ式スリムプログラムで結果をだせます。実際のＴＨＣ式スリムプログラムのポイントは、林寛子さんも『辛くない』と何度もおっしゃっているところにあります。

ダイエット＝辛いものというのが一般的ですが、では何が辛いのか考えてみると、空腹＝辛い、運動＝辛いとなりますが、単純にこれさえ取り除ければダイエットというものは辛くないので続けられるわけです。

そんなことは考えれば当たり前のことのように感じますが、実際は、食物を食べない＝空腹＝辛い、ではなく、食物を食べない＝血糖値が下がる＝辛い、というメカニズムが正しいのです。

なので血糖値を下がらない状態か血糖に変わる何かが代用できれば辛くないはずです。

また体内の糖質は肝臓と筋肉に多く蓄えられていて普段使わない筋肉をいきなり運動して使うと貯蓄されていた糖が急激に使われ、血糖値の乱高下が起こることが十分考えられます。

運動嫌いで続けられない運動は逆にしない方が今回のＴＨＣ式スリムプログラムに関しては有効です。

なのでしっかり食べられるから辛くない、運動しないから辛くない、これなら続けられるので誰でも痩せることは可能になるわけです。

一カ月は長い期間です。

一カ月間辛いことをやり続けることは生物学上無理なので、単純なダイエットは成功しないのは普通のことであり、ＴＨＣ式スリムプログラムは成功するのも普通のことです。

では、具体的にどのようなことをするのか。

まずはカウンセリングと診察を行います
患者様の身長、体重、皮下脂肪、内臓脂肪のつき方など患者様によって異なりますし、生活習慣や嗜好品も異なりますので患者様の希望によってオーダーメイド的に治療内容を変えていきます。

例えば皮下脂肪の多い方はＢＮＬＳ注射やリポトリートメントに通っていただきますし、ご年齢で基礎代謝も落ちている方は点滴なども行っていただきます。

帰宅してからは週一の食事管理や体重管理のチェックをメールやＬＩＮＥで行い、無理をしない適切な指導を行います。

二週間経っても体型、体重の変化がない場合は、再度来院し、カウンセリングを受けていただき、問題点を明らかにした上であらゆる面からサポートさせていただきます。

あとは一カ月で目標体重をクリアしたらもう一カ月延長するか、現状をキープするかを決めていただくだけです。

●ＴＨＣ式スリムプログラム
一か月：１００、０００円

ワキ汗ストップが楽

梅雨や夏になると多い処置が、ワキ汗ボトックス注射でございます。

これはボトックス注射をワキ下の皮下に細かく打つことでワキ下の汗腺の機能を抑えることができ、ワキ汗をシャットアウトさせます。

ワキのボトックス注射は多汗症の方だけが受けるものだと思われがちですが多汗症の方は通年、ワキ汗のことで悩まれているのでこの時期だけで無く、通年ご来院いただいております。

なので夏に来られる方は普通の一般の女性の方が多いです。

やはりこの時期は誰でもワキ汗をかきます。

ただ意外にお洋服の汗ジミを気にされている方は多く、ワキにボトックス注射を一度注射すれば半年くらいはワキ汗がぴたっと止まり汗ジミを気にせずに済むという理由で受けられる方が多いようです。

相対的にワキの匂いも少なくなるので、色々と気にしなくて楽になるのも人気の秘密のようです。

東京ヒルズクリニックでは、一回の注射の料金も初回一万八千円と大変リーズナブルに受けることができるので少しでもワキ汗を気にされている方は一度トライしてみてはいかがでしょうか。

●今回ご紹介した施術のご料金

ワキボトックス注射　初回　１８、０００円

小陰唇縮小

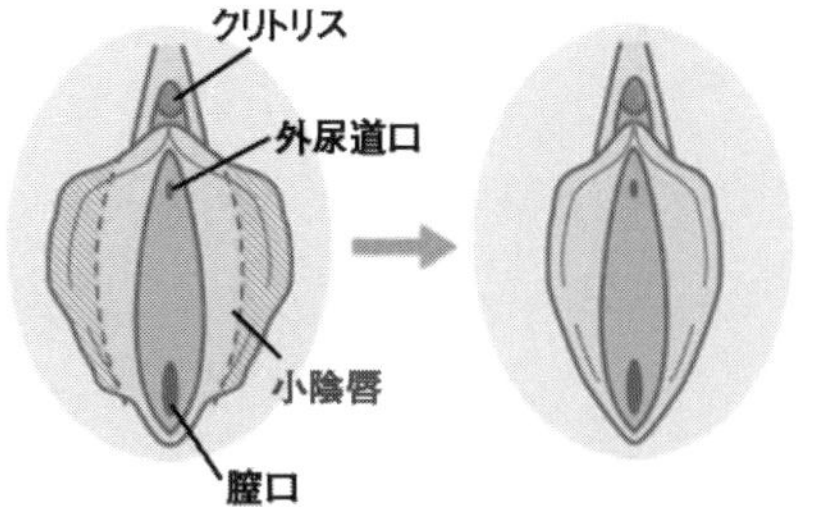

最近意外に多い施術が小陰唇縮小のオペです。
それも小陰唇縮小のお悩みでご相談されるというよりは『シミ取り相談のついで』にとか『脱毛相談のついでに』で受けられる方がほとんどです。
小陰唇とは女性性器の一部位でこのヒダが大きかったり、左右差が強いことなどを気にされて修正の手術を希望される方が意外に多いということです。
普通に見た目のことで気にされてご相談される方も多いですが『生理の時が大変なので』や『自転車に乗る時に当たって痛い』など、

機能的障害を理由にされる方もいらっしゃいます。

また最近は年配の方から『介護や病院でお世話になる時に恥ずかしいので今のうちにどうにかしたい』として受けられる方もいらっしゃいます。

少し恥ずかしいことのように感じられますが意外とたくさんの方が同じようなお悩みを持っています。

手術といっても余分な皮膚を切り除き修正するだけの簡単なものになりますのでお悩みのある方は怖がらず、恥ずかしがらずお気軽にご相談下さいませ。

漏斗胸

先日も『胸が小さい』『左右差が強い』という悩みでご来院された方がいらっしゃいました。

二十年近く悩んだ結果のご来院なので、悩みを私に打ち明ける時も声を絞り出すようにお話して下さいました。

しばし涙ぐむ場面も有りましたが、『誰にも相談できず』『旦那や周りの人にもバレたくない』『お金のことも心配だし』と正直に打ち明けていただきました。

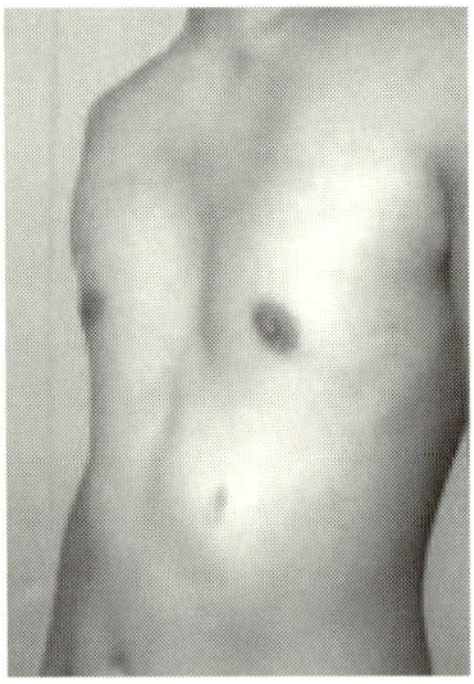

出典 www.marfan.jp

診察の結果、その患者様は《漏斗胸》という先天性の遺伝的疾患であることが分かり、『これは一つの病気なんですよ』ということをお伝えした後に、最も身体に侵襲が少なく且つ料金的にも負担の少ない【ヒアルロン酸豊胸】をおすすめ致しました。

手術に対する内容、メリット、デメリット、料金までしっかりお伝えした後、当日手術を受けていただきました。

結果二十分後に

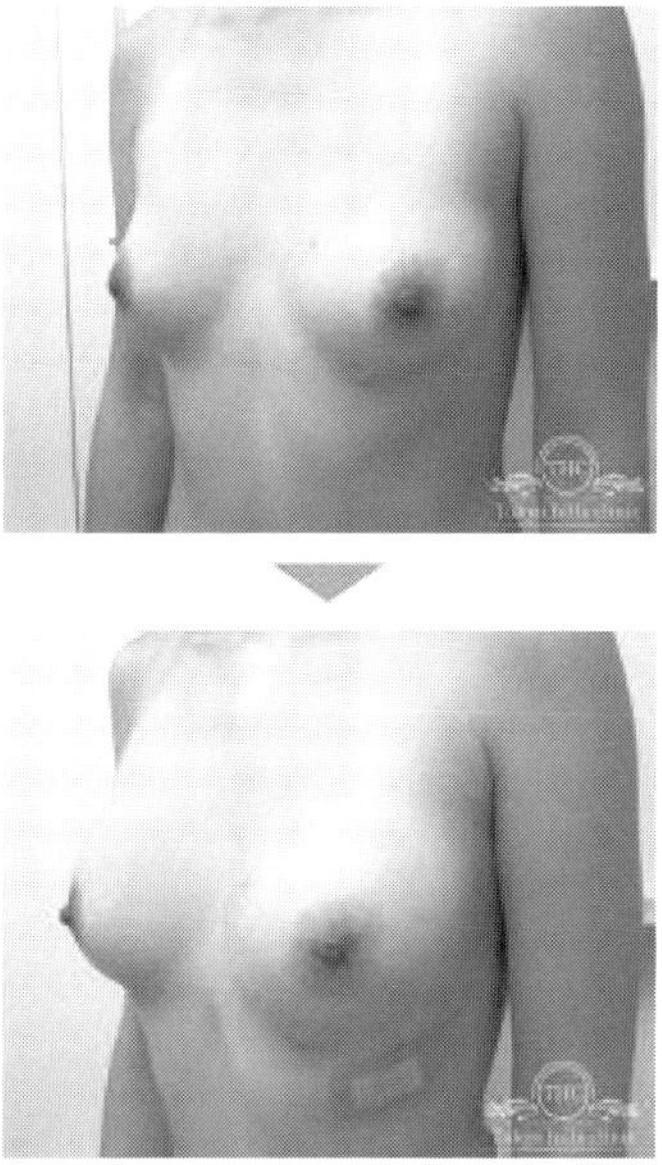

※実際の方の症例写真とは異なります

二十年近くの悩みが解決された姿をみて『感動です』と涙を零して喜んでいただきました。

美容外科医冥利につきます!!

ピアス

最近、当院でも【ピアスの穴あけ】の施術のお問い合わせが多くなって来たので、東京ヒルズクリニックでもファーストピアスを始めることに致しました。

ただ【ピアスの穴あけ】に関して一定の割合で問題を起こす方がいらして穴あけができない場合があります。

しかしながら東京ヒルズクリニックでは【ピアスの穴あけ】に関して妥協せず、問題点を明らかにして少しでもその確率を下げるための試みでおこなっております！

問題点としては

⑴金属アレルギーを持っているためにかぶれた

根本的にこの様な方はピアスを付けること自体ができない方もいらっしゃいますが、安価で不純物の多いものを使用したことでかぶれる方はいらっしゃいます。

東京ヒルズクリニックでは純金処理した医療用ステンレスを使用しているために金属アレルギーを起こしづらいです（中には金属アレルギーを起こす方はいらっしゃいます）。


⑵軸の軸の長さが短いが故に血行障害を起こしトラブルになる

日本人の七割以上の方は耳たぶの厚さが六ミリ以上あり、スタンダードタイプ（軸の長さ六ミリ）のものでは余裕がなくてトラブルを起こすケースがあります。

東京ヒルズクリニックでは全ての方のファーストピアスをロングタイプしております。


⑶アフターケアが上手くできず膿んでしまい、結局外すことに

処置後の消毒が見えづらい所なのでやり辛く、液ダレなどするとしっかり消毒できていないケースです。

東京ヒルズクリニックではピアス自体かロングタイプなので動かしやすいことと消毒液もピンポイントで液ダレしない【プラスジェル】を使用しているのでアフターケアもしっかりできます。

ファーストピアスを装着後、六週間ほどでピアスホールは完成すると思いますので暫しお待ちを。

このようにピアス一つに対しても拘りを持って東京ヒルズクリニックは対応させていただいています。

●今回ご紹介した施術のご料金

ピアス穴あけ　二ヶ所　１０、０００円

対談・杉浦功修×高須基仁（出版プロデューサー）

大手美容外科から独立したスター医師が語る

「俺、失敗しないので」の本当の意味とは？

※月刊「サイゾー」2018年1月号掲載

高須　もともと品川美容外科クリニックにいらしたんですよね。業界評価も高い有名クリニックですから、いろんな方が来院されたでしょう？

杉浦　そうですね。有名女優やアイドルグループの子もたくさん来院しました。初めは「ちょっとどうかな」という子でも、オペしたら大活躍するようになったという例もたくさんあります。そういった姿を見るのは嬉しいですね。ＡＶの子も多いです。顔から手足から全身にする子も。事務所の人が「１００万円で、この子をどこまできれいにできますか？」と相談してくることもあります。

高須　いまやプチ整形もあって、一般人の間でも整形に対する抵抗感はなくなりましたね。

杉浦　二〇〇〇年ごろからプチ整形、注射系が増えて、業界としても大きく伸びました。それまでは〝秘め事〟とされて

いたけれど、インターネットによって情報が表に出たことと、美容外科技術、機器の発達がタイミングよく結びついて広がった形です。

高須　儲けたんじゃないですか？

杉浦　調子に乗ってたときは、フェラーリに乗ってヒルズにマンションを買って……。あ、西川史子さんは学生時代からの友人なんですけど、彼女が『恋のから騒ぎ』（日本テレビ）に出ていたころ、「お前、理想の生活をするなら、最低４０００万円はないと成り立たないぞ」とアドバ

イスしたんですよ。彼女を有名にした〝結婚相手は年収４０００万〟の元ネタは私です。

高須　そうなんですか（笑）。しかし、これだけ整形が珍しくない時代になっても、メディアやネットでは相変わらず「整形疑惑」などとタレントが叩かれる。

杉浦　ナンセンスですね。芸能人だろうが一般の子だろうが、美を求める人が美容整形に足を踏み入れないわけがない。これだけクリニックが乱立してい

るのは、高い需要からです。誰もわざわざ「ここを手術しました」なんて言わないだけ。メディアの考え方は遅れています。

高須　私も女優をお直しして、ヘアヌードでどんと打って出るなんてことをしてた。きれいになって自信をつけてなにが悪いんだと思いますね。

新卒から異例のスピードで院長に

高須　代々医師の家系なんですよね。

杉浦　祖母が愛知県岡崎市の開業医で、父も継いで町医者をしていて、私は三代目です。姉2人と2歳上の兄1人の4人きょうだいの末っ子で、「男は医者になれ」と言われて育ちました。中学から医学部や歯学部を目指す全寮制の私立学校に入学。その学校では、毎回試験の前に必ず目標を書かされ

るんですよ。とりあえず「医者」と書いていましたが、では何科かというと、「美容外科医」になりたいと親には言っていました。

高須　そのころから美容外科医？　なぜそう思ったんですか。

杉浦　単純に人の顔を変えることに興味があったのと、絵を描くことが好きだったので、美的センスが問われる世界は僕に合っているのかなと思ったんです。親も「医者になるなら、美容外科医でもいい」と言っていました。それで、医学部へ進学。兄貴は歯学部に入りました。

高須　大学では勉強ばかり？

杉浦　いや、アメフトばかりして、そろそろ進路を考えようという時期になって、美容外科医への直ルートはないという現実を知ったんです。医師として何年か働いてから、美容外科に転職するパターンがほとんど。仕方ない、外科に行くかと思い始めたとき、運命を変えたのが医療専門誌の求人広告。品川美容外科が募集していたんです。当時は高須クリニックと大塚美容外科が二大巨頭で品川美容外科は知らなかったんですけど、新卒で入れるところは通常ないですから、「マジで!?」と電話してみたら「面接しますよ」と。給料も破格だったので驚きました。

高須　今のように美容外科が当たり前の時代ではなかったんですね。

杉浦　当時は、なんとなくアンダーグラウンドなイメージがありましたね。品川美容外科もあまり目立たないビルのワンフロアにあって、わきが、二重手術、今は行っていない包茎手術などをやっていました。それでも年功序列の医局と違って、がんばったらその分だけ跳ね返ってくるし、患者さんの人生を大きく変えられる点に魅力を感じました。

高須　アンダーグラウンドなエピソード、あるんじゃないですか？

杉浦　ありますよ。ものすごく偉い暴力団の方の包茎手術をさせてもらって、「1カ月はエッチをがまんしてください」と言ったのに守らずにエッチして大量の出血をして、慌てて来院されたんです。そこでしっかり処置したところ、とても喜んでいただけて、次の週から「『杉浦先生に男にしてもらえ』と親分に言われた」という子分がズラッと来ました。

高須　私も先生に手術していただこうかな（笑）。

岡崎に「東京ヒルズクリニック」を開業

杉浦　それから数年で、新宿院の院長になりました。新卒で入って、そのスピードで院長は異例です。当時の美容外科は〝サービス〟という感覚がなく、「オペしてあげる」というどこか上から目線。でも私は「受けていただく」という感覚で、患者さんが何を求めるか、二重でもどの

ような二重がいいかをお伺いし、客観的に見るとどうかということをご提案するなど、丁寧にカウンセリングしていく方向にシフトしました。カウンセリングに時間はかかりますが、患者さんの満足度が上がるとリピーターも増え、売り上げも上がりますし、私自身も患者さんがきれいになった姿を見るのは嬉しい。

高須　品川美容外科で大活躍されていたわけですが、その職を辞して2016年に岡崎で開業しようと思ったのはなぜ？

杉浦　二年前に父が他界したんです。母親がひとりになってしまいますし、祖母から受け継いだ医院を放っておくわけにもいかない。品川美容外科に入ってちょうど20年という節目でもあったので、独立してもいいかもしれないと考え、妻に相談したところ「やりたいようにやっていいよ」と言ってくれまして。岡崎で歯科クリニックを営む兄も協力してくれるというので開業しました。「なにがなんでも独立してやろう」という思いがあったのではなく、なんとなくこうなったという感じです。

高須　東京ではなく〝岡崎で開業〟という点に不安はなかったですか？

杉浦　自信と不安、半々ですね。岡崎に美容に興味があって来院してくれる人がどれだけいるかわからない。「岡崎なのに『東京ヒルズクリニック』って何?」という、まさにゼロからのスタートです。２０１６年10月に品川美容外科を退職して、同年12月に開業ですから、時間的にも余裕がありませんでした。結果的にはたくさんの方が来院してくださいまして嬉しかったですね。

高須　当然、品川美容外科時代のリピーターもついてきたでしょうね。

杉浦　そうなんです。東京から2〜3時間かけて岡崎まで来てくれて。「注射1本だって先生じゃないとイヤだから」と言ってくださったんですよ。ありがたいですよね。

高須　そういう方がたくさんいらっしゃるから、今年9月には新宿院も開業したわけですね。これからは、アジア進出を考えているんですよね。

杉浦　あちこちに、たくさんクリニックをつくるつもりではありません。アジアもそう。ただ、中国と韓国のパイプは築いてきましたので、中国では技術提携という形で関わり、韓国では美容の最新事情や技術などの情報交換をし、岡崎院、新宿院に還元できればと考えています。

「俺、失敗しないので」の真意

高須　改めてお伺いしますが、美容外科医のやりがいはなんですか?

杉浦　単に目をどうする、鼻をどうするというより〝気持ち〟ですね。コンプレックスを取り除くことで患者さんの人生が豊かになる、その手助けができる点が魅力です。だからこそ患者さんの気持ちに寄り添って考えることを大切にしています。ただ、危険なことは、はっきりとお断りしています。それは互いのため。リスクファクターを知らずにオペを受けることが最もよくない。

高須　それが先生が、よく口にする「俺、失敗しないので」という言葉につながっているんですね。

杉浦　美容外科業界は日進月歩。リスクを恐れては新しい技

術にチャレンジできないという面があるのですが、それでも自分がリカバーできる範囲内が鉄則。あとは価値観の問題ですね。美には正解がないので「思った通りにならなかった」という意味での失敗の可能性は、残念ながらゼロではありません。それでも私は患者さんに「失敗だ」と非難された経験はありません。その点は自信があります。矛盾するようですが、「失敗するかもしれない」という意識は、どんな簡単な処置でも常に持っています。だからこそ、誠実に緊張感を持ってオペができる。「ゴッドハンド」とおごる人ほど、失敗の危険性があると思います。

高須　おごっている人、たくさんいますね。

杉浦　カウンセリングは別のスタッフまかせというクリニックもあります。それはそれで効率よく運営できるので、院長の考え方次第ですよね。私はカウンセリング重視。その人の求めている美を知ることが大切だと考えます。

[著者プロフィール]
杉浦功修（すぎうら・いさお）

1971年　愛知県岡崎市生まれ。
1996年　東邦大学医学部 卒業
　　　　品川美容外科 入職
1998年　品川美容外科 新宿院院長
2016年　東京ヒルズクリニック設立

俺、失敗しないので

2018年1月22日　初版第1刷発行

著　者　杉浦　功修
発行人　高須　基仁
発　行　モッツコーポレーション（株）
〒105-0004 東京都港区新橋 5-22-3
ル・グランシエル BLDG3.3F
電話 03-6402-4710㈹　Fax 03-3436-3720
E-Mail info@mots.co.jp
発　売　株式会社 展望社
〒112-0002　東京都文京区小石川 3-1-7　エコービル 202
電話 03-3814-1997　Fax 03-3814-3063
装丁・組版　岩瀬　正弘
印刷・製本　モリモト印刷株式会社

　ISBN978-4-88546-343-3

高須基仁の闇シリーズ第２弾！

東日本大震災最大の被災地・石巻

病める海のまち

津波に流された
石巻・大川小学校
74人の子供たちは
哭いている!!

高須基仁 著

本体価格１６００円（価格は税別）

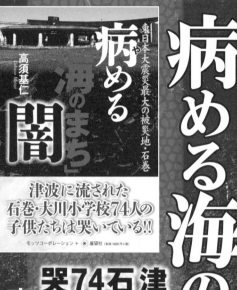